ANÁLISE DE DESEMPENHO NO FUTEBOL
ENTRE A TEORIA E A PRÁTICA

Editora Appris Ltda.
2.ª Edição - Copyright© 2024 do autor
Direitos de Edição Reservados à Editora Appris Ltda.

Nenhuma parte desta obra poderá ser utilizada indevidamente, sem estar de acordo com a Lei nº 9.610/98. Se incorreções forem encontradas, serão de exclusiva responsabilidade de seus organizadores. Foi realizado o Depósito Legal na Fundação Biblioteca Nacional, de acordo com as Leis nos 10.994, de 14/12/2004, e 12.192, de 14/01/2010.

Catalogação na Fonte
Elaborado por: Dayanne Leal Souza
Bibliotecária CRB 9/2162

C846a 2024	Cotta, Rafael Martins
	    Análise de desempenho no futebol: entre a teoria e a prática / Rafael Martins Cotta. – 2. ed. – Curitiba: Appris, 2024.
	    105 p. : il. color. ; 21 cm. – (Coleção Educação Física e Esporte).
	
	    Inclui referências.
	    ISBN 978-65-250-6743-8
	
	    1. Futebol. 2. Esporte. 3. Jogos de Futebol. I. Cotta, Rafael Martins. II. Título. III. Série.
	
	                                                                           CDD – 796

Livro de acordo com a normalização técnica da ABNT

Appris editora

Editora e Livraria Appris Ltda.
Av. Manoel Ribas, 2265 – Mercês
Curitiba/PR – CEP: 80810-002
Tel. (41) 3156 - 4731
www.editoraappris.com.br

Printed in Brazil
Impresso no Brasil

Rafael Martins Cotta

ANÁLISE DE DESEMPENHO NO FUTEBOL

ENTRE A TEORIA E A PRÁTICA

2ª edição

Appris
editora

Curitiba - PR
2024

FICHA TÉCNICA

EDITORIAL Augusto Coelho
Sara C. de Andrade Coelho

COMITÊ EDITORIAL

Ana El Achkar (Universo/RJ)
Andréa Barbosa Gouveia (UFPR)
Antonio Evangelista de Souza Netto (PUC-SP)
Belinda Cunha (UFPB)
Délton Winter de Carvalho (FMP)
Edson da Silva (UFVJM)
Eliete Correia dos Santos (UEPB)
Erineu Foerste (Ufes)
Fabiano Santos (UERJ-IESP)
Francinete Fernandes de Sousa (UEPB)
Francisco Carlos Duarte (PUCPR)
Francisco de Assis (Fiam-Faam-SP-Brasil)
Gláucia Figueiredo (UNIPAMPA/ UDELAR)
Jacques de Lima Ferreira (UNOESC)
Jean Carlos Gonçalves (UFPR)
José Wálter Nunes (UnB)
Junia de Vilhena (PUC-RIO)

Lucas Mesquita (UNILA)
Márcia Gonçalves (Unitau)
Maria Aparecida Barbosa (USP)
Maria Margarida de Andrade (Umack)
Marilda A. Behrens (PUCPR)
Marília Andrade Torales Campos (UFPR)
Marli Caetano
Patrícia L. Torres (PUCPR)
Paula Costa Mosca Macedo (UNIFESP)
Ramon Blanco (UNILA)
Roberta Ecleide Kelly (NEPE)
Roque Ismael da Costa Güllich (UFFS)
Sergio Gomes (UFRJ)
Tiago Gagliano Pinto Alberto (PUCPR)
Toni Reis (UP)
Valdomiro de Oliveira (UFPR)

SUPERVISORA EDITORIAL Renata C. Lopes

ASSESSORIA EDITORIAL André Luiz Cavanha

REVISÃO André Luiz Cavanha

PRODUÇÃO EDITORIAL Lucas Andrade

DIAGRAMAÇÃO Anderson Sczuvetz da Silveira

CAPA Tarliny da Silva

REVISÃO DE PROVA Sabrina Costa

COMITÊ CIENTÍFICO DA COLEÇÃO EDUCAÇÃO FÍSICA E ESPORTE

DIREÇÃO CIENTÍFICA Valdomiro de Oliveira (UFPR)

CONSULTORES

Gislaine Cristina Vagetti (Unespar)

Carlos Molena (Fafipa)

Valter Filho Cordeiro Barbosa (Ufsc)

João Paulo Borin (Unicamp)

Roberto Rodrigues Paes (Unicamp)

Arli Ramos de Oliveira (UEL)

Dartgnan Pinto Guedes (Unopar)

Nelson Nardo Junior (UEM)

José Airton de Freitas Pontes Junior (UFC)

Laurita Schiavon (Unesp)

INTERNACIONAIS Wagner de Campos (University Pitisburg-EUA)
Fabio Eduardo Fontana (University of Northern Iowa-EUA)
Ovande Furtado Junior (California State University-EUA)

Dedico esta obra para Raquel Maria Guimarães Martins, pessoa que se orgulha muito com minhas conquistas e vibra com cada passo dado em minha carreira, sendo torcedora, incentivadora, conselheira, amiga e acima de tudo minha mãe.

AGRADECIMENTOS

Agradeço, primeiramente, a Deus, que me deu até hoje a oportunidade de poder viver um novo dia e tentar fazer melhor do que no dia anterior, sempre buscando ajudar na medida do possível, fazer o bem e principalmente não fazer o mal.

À minha família, que de uma forma ou de outra se preocupa com minha caminhada e torce para que eu possa cada vez mais conseguir voos maiores.

Aos que colaboraram, independentemente da forma, para a concretização desta obra.

Aos amigos de uma forma geral que pensam positivo e se alegram com nossas alegrias.

APRESENTAÇÃO

Esta obra destina-se a todas as pessoas envolvidas no futebol, sejam profissionais do meio, amantes do esporte, torcedores, amadores etc. Principalmente aos que gostam de saber o que o jogo pode esconder e nos dizer se for analisado a fundo.

Milhões de brasileiros adotam a postura de entendidos, quando se diz respeito ao futebol, e a cada partida de sua equipe vestem a camisa de técnico (perspicaz, com solução para tudo), fazendo com que os verdadeiros técnicos tenham a sombra de milhões de auxiliares, responsáveis por gerar informações, necessidade e consumo. A grande dificuldade dos treinadores está em receber informações científicas para sustentar suas decisões e beneficiar seu trabalho sem se basear nos achismos (LEITÃO, 2009).

Existe uma grande diferença entre assistir e analisar um jogo de futebol. Nas análises, fazemos perguntas para o jogo, buscando as respostas dentro dele, com muita atenção, concentração, estudo e busca por informações que nos enriqueçam profissionalmente e nos façam crescer como profissionais do meio de futebol.

Um profissional envolvido com o meio futebolístico, principalmente os que trabalham dentro de campo, precisa conhecer os atletas, a forma como eles jogam, seus pontos fortes e fracos, assim como os treinadores pensam, modificam suas maneiras de jogar, substituem suas equipes, as maneiras que usam para surpreender seus adversários.

A tecnologia vem avançando muito rapidamente e podemos, por meio do nosso aparelho celular, saber o que acontece do outro lado do mundo, pesquisar, estudar, entre várias outras formas de entretenimento e evolução. Explorar esse nicho pode ser uma grande porta de entrada para quem sonha trabalhar no meio esportivo, além de fazer com que esse profissional seja primordial para sua equipe.

O termo Análise de Desempenho não está relacionado apenas a um profissional da equipe, mas a todos envolvidos no seu dia a dia. Saber como passar as informações pode ser o diferencial do analista de desempenho.

Com base na tradução da palavra e no seu significado, podemos pensar no *Scout* como uma forma de análise (do jogo), observando quais os padrões de jogo da própria equipe, da equipe adversária ou de um jogador específico. Campos (2004 apud GARGANTA, 1997) afirma que o *Scout* é a detecção das características da equipe do adversário, para poder explorar os seus pontos fracos e contrariar suas dimensões fortes. Afirma ainda que os conhecimentos vindos de estudos realizados a partir da caracterização das ações dos jogadores e da organização das equipes, no decorrer de uma partida, podem representar um suporte significativo para o auxílio dos treinos e das competições.

O objetivo desta obra é, além de demonstrar uma forma de se trabalhar com Análise de Desempenho no futebol, fazer com que as pessoas enxerguem o quanto é importante estudar essa modalidade. Assim como mostrar que esse jogo tão complexo e apaixonante é totalmente dependente da ciência e que a cada dia abre mais espaço para quem vem se aprimorando e buscando aumentar seus conhecimentos nesse esporte.

Nos meus 23 anos trabalhando em comissões técnicas de equipes profissionais de futebol, aprendi muita coisa interessante e ainda pretendo aprender muito mais para poder dividir, discutir e crescer profissionalmente.

Espero que de alguma forma este livro lhe ajude. Bons estudos!

Rafael Cotta

PREFÁCIO

Já dizia Rinus Michels: "futebol é um jogo de ações e palavras" (VERHEIJEN, 2014, p. 18).

Futebol desperta nas pessoas o prazer de falar sobre o jogo. O futebol é, portanto, um jogo de ações e palavras. Todas essas palavras juntas podem ser colocadas sob um denominador chamado "linguagem do futebol".

Em primeiro lugar, essa língua é falada pelas pessoas mais próximas do jogo, os próprios jogadores de futebol e os treinadores. Eles sabem o que estão falando e parecem ser os especialistas quando se trata de linguagem de futebol. No entanto, essa linguagem nem sempre é completamente clara, coerente, consistente e adotável. A utilização de um especialista em análise de desempenho ajuda-nos a avaliar algumas vertentes importantes em diferentes esferas: o adversário, para minimizar a imprevisibilidade do seu jogo identificando certos padrões e onde esses ocorrem; nossa equipe, quantificando nossas ações e as qualificando nos diferentes momentos do jogo; nosso planejamento na seleção e desenvolvimento a longo prazo da formação dos nossos atletas de base, usando a análise para criar um banco de dados individual e coletivo para monitoramento da performance e tomada de decisão de cada atleta em diferentes situações-problema bem como a execução dos fundamentos técnicos.

Esta obra mostra a importância, o embasamento e a metodologia de trabalho relacionados à Análise de Desempenho, revelando a função do analista para uma equipe e fazendo com que todos saibam o que realmente ocorre no trabalho desses profissionais.

Douglas Saretti
Graduado em Educação Física
Diretor Técnico de Iniciação e Treinamento
All-Nasser Dubai

SUMÁRIO

INTRODUÇÃO 15

CAPÍTULO 1
CONCEITOS E DEFINIÇÕES **19**

1.1 Análise de desempenho 21
1.2 O papel do analista de desempenho 24
1.3 O perfil do analista de desempenho 25
1.4 A montagem do departamento 28
1.5 Tipos de analistas 29
1.6 Trabalhando de acordo com a estrutura de sua equipe 30
1.7 A tecnologia a favor do esporte 31

CAPÍTULO 2
O QUE ANALISAR? **35**

2.1 Os momentos do jogo 37
2.2 Os movimentos coletivos e individuais 51
2.3 O modelo de jogo 55
2.4 Sistema, estratégia e a tática 58

CAPÍTULO 3
A ANÁLISE DENTRO DAS COMPETIÇÕES **61**

3.1 Análise da nossa equipe 62
3.2 Análise do adversário 74
3.3 Como os atletas absorvem esse trabalho 80
3.4 Como apresentar todo esse trabalho em benefício da nossa equipe 82

CAPÍTULO 4
ANÁLISE PARA GOLEIROS **91**

4.1 Depoimentos, importância e aplicação da análise para goleiros 91

CAPÍTULO 5
PROSPECÇÃO DE ATLETAS **95**

5.1 As formas de acompanhamento 96
5.2 A montagem do banco de dados 97

CONSIDERAÇÕES FINAIS 101

REFERÊNCIAS 103

INTRODUÇÃO

A Análise de Desempenho no Futebol é, para muitos, uma nova função dentro da modalidade. A escassez por artigos e livros relacionados a esse assunto foi o maior objetivo de escrever este livro, visando primeiramente auxiliar não só profissionais que já atuam na área, mas também quem tem interesse de ingressar ou simplesmente gosta de saber das evoluções recorrentes do esporte.

Esta obra tem como objetivo demonstrar algumas formas de se trabalhar com Análise de Desempenho no futebol e principalmente tentar exemplificar aplicações práticas relacionadas ao dia a dia de um analista, sempre relacionando a prática à teoria.

Cada vez mais o futebol vem evoluindo no que se diz respeito à tecnologia. Dificilmente encontraremos um treinador que não dependa pelo menos um pouco dela. Analisar o adversário e poder se preparar cada vez melhor para suas partidas está totalmente relacionado ao auxílio de algum profissional que cuide desses assuntos e deixe tudo pronto para que treinador, comissão técnica e atletas recebam informações filtradas e pontuais sobre sua equipe e adversário.

Em cinco capítulos, esta obra retrata fatores importantes sobre o trabalho do Analista de desempenho no futebol. Dividiremos esse assunto em alguns tópicos importantes e que devem ser explorados no dia a dia de um analista.

Sabemos também que nem todas equipes têm estrutura suficiente para dispor de um profissional somente para essa função, porém o próprio treinador ou auxiliar podem atuar de alguma forma como um analista. Mesmo assim, todos membros da comissão técnica podem ajudar na obtenção de informações, analisando o adversário e sua equipe também, e a forma que isso será explanado e sua organização podem ser o diferencial no trabalho.

No primeiro capítulo encontraremos alguns conceitos e definições sobre o assunto, de acordo com diferentes opiniões de profissionais atuantes na área, além de citações importantes que poderão interar melhor os leitores sobre o que realmente se trata a análise de desempenho no futebol. As áreas de atuação, perfil dos analistas, montagem do departamento de análise, entre outros importantes, também serão abordados nesse capítulo.

Entenderemos o que pode ser analisado a partir do segundo capítulo. Tentaremos expor diversas situações que ocorrem no jogo de futebol, buscando que o leitor entenda que o mais importante é saber o que analisar e não necessariamente o meio de análise. Com o avanço tecnológico, muitos programas foram criados para facilitar o trabalho dos analistas, porém de nada adiantará um bom software na mão se os olhos não são capazes de perguntar ao jogo tudo que for importante, além de enxergar as respostas para suas perguntas. Os momentos do jogo, movimentos, modelo de jogo, sistema, tática e estratégia, serão alguns assuntos tratados nesse capítulo.

Como o analista pode desenvolver seu trabalho nas competições será o tema abordado no terceiro capítulo. Com maneiras práticas de análise tanto de sua equipe como do adversário, mostraremos como podemos resolver certos problemas no dia a dia. As análises podem ser quantitativas e qualitativas, utilizando-as em treinos e jogos, visando obter o máximo de informações possíveis para cada vez mais saber onde precisamos evoluir em nossa equipe e trabalhar nossos pontos fracos, além de, em relação ao adversário, neutralizar pontos fortes e explorar pontos fracos.

O quarto capítulo explicará de forma bem simples como pode ser feito o trabalho de análise com goleiros. Essa posição tão importante e decisiva no jogo pode nos auxiliar muito e o treinador de goleiros também pode se tornar um analista à parte, específico a essa posição, para auxiliar no processo em busca dos melhores resultados.

Por último, trataremos sobre a busca por atletas, visando à montagem de um banco de dados para contratações, relevando o trabalho dos observadores técnicos, os famosos olheiros e onde os analistas de desempenho podem entrar nesse processo, acompanhando a evolução do futebol. Mostraremos algumas formas de acompanhamento, montagem de banco de dados etc.

Sempre buscaremos mostrar a importância de evoluirmos no esporte, que embora ainda seja um pouco comum encontrarmos o empirismo no futebol, devemos saber que esta modalidade está cada vez mais dependente dos avanços científicos e futuramente não existirá mais espaço para quem não estiver realmente preparado e ligado às atualidades dessa modalidade.

CAPÍTULO 1

CONCEITOS E DEFINIÇÕES

O futebol é um desporto que envolve milhões de pessoas em todo o mundo, 22 jogadores, um árbitro, dois técnicos, que junto aos torcedores se reúnem num campo, em uma partida com duração de aproximadamente 100 minutos, pois o futebol envolve antes da partida, nos bastidores, e depois da partida na resenha feita pelos torcedores, equipe e jornalistas em geral. Mas o que é futebol? É difícil de descrever, pois se trata de algo maior do que um simples jogo regido por conjunto de regras a serem respeitadas (VENDITE, 2006 apud WITTER, 1990),

Para Scaglia (1999), é de fundamental importância entender o jogo de futebol, bem como as dimensões que abrangem as suas ramificações ou derivações, apropriadas pelas circunstâncias e necessidades de satisfação das culturas que o massificam.

Segundo Leitão (2001): Equilíbrio e desequilíbrio, organização e desorganização, ordem e desordem; jogo e Jogo, caos e Futebol. Como que se quiséssemos ter controle de tudo que está a nossa volta, buscamos até mesmo no caos, um "padrão" de entendimento. Tentamos ser deuses, mas somos incapazes de perceber o mais sutil detalhe (e me permitindo certo romantismo, como faz diferença o detalhe).

A Análise de Desempenho vem sendo um grande diferencial não só nas equipes de futebol, mas em todas as modalidades esportivas. Além de já ter se tornado necessário esse trabalho, podemos considerar como mais uma possibilidade de pessoas estudiosas – e que consequentemente contribuirão para ciência do esporte – ingressarem no esporte de alto rendimento.

Fonseca (2004 apud GARGANTA, 1997) coloca que a evolução dos métodos de *Scout* acompanhou a evolução da tecnologia no futebol. O uso dos computadores para realização do *Scout* se tornou frequente, já é possível encontrarmos programas cada vez mais precisos, com inúmeras opções de análise que facilitam o trabalho de quem faz o *Scout* e de quem analisa os dados. O mesmo autor cita estudos de análise no futebol com uso de computadores a partir da década de oitenta:

DATA	AUTOR
1982	Dufour
1983	Franks et al.; Malveiro
1985	Mayhew & Wenger; Van Gool & Tilborgh
1986	Church & Hughes; Franks & Goodman
1988	Gréhaigne; Helsen & Pauwels; Hughes et al.; Pollard et al.; Treadwell; Yamanaka et al.
1989	Dufour; Gréhaigne; Partridge & Franks
1990	Ali & Farrally; Gréhaigne
1991	Dufour; Gréhaigne; Reilly et al.; Winkler

QUADRO 1

FONTE: Garganta, 1997.

Alguns conceitos e definições podem nos ajudar a entender bem como funciona esse trabalho, em relação ao dia a dia, o papel do analista, entre outros pontos importantes. Abordaremos isso neste início.

1.1 Análise de desempenho

Algumas definições de acordo com profissionais da área:

"Análise de desempenho é o conjunto de ferramentas metodológicas utilizadas para desnasalizar o jogo de futebol nas suas multifaces performáticas transformando meras informações em produção de conhecimento sobre o jogo". Rafael Teixeira – Analista de Desempenho do Goiás Esporte Clube (*in memoriam*)

"É a ciência que estuda a performance (desempenho) de um determinado indivíduo inserido em uma atividade competitiva. A análise de desempenho provê argumentos baseados em dados, racionalizando as tomadas de decisão e auxiliando profissionais em sua análise". Gabriel Magalhães – Ex-analista de desempenho e atualmente treinador

"Observação e análise, tanto quantitativa (dados estatísticos) quanto qualitativa (momentos e padrões de comportamento do jogo) de sua equipe e das equipes adversárias, tal como desenvolver um banco de dados de atletas e equipes para auxiliar e ser parte do processo de tomada de decisão (como por exemplo na contratação de atletas) tentando assim diminuir a margem de erros no processo". Henrique Furtado – Ex-analista de desempenho e atualmente gestor

Gosto de contar um pouco como começou minha trajetória nesse meio e com isso colocar o meu ponto de vista em relação à definição de Análise de Desempenho.

Iniciei meus trabalhos com o futebol profissional no ano de 2001, atuando como treinador de goleiros, mesmo ano que iniciei o curso de Educação Física. Atuei nessa função por três anos, começando posteriormente a trabalhar como auxiliar de preparação física e depois de formado a atuar tanto como auxiliar, como preparador físico principal.

Mesmo como auxiliar de preparação física, sempre gostei de estudar o adversário, considerando que era um trabalho que poucos ou quase ninguém da comissão técnica fazia. Normalmente um auxiliar acompanhava um jogo, fazia algumas anotações, mais nada concreto e ativo em relação a apresentar algo que realmente fosse aplicável. Meu objetivo com esse trabalho "extra" era ajudar um pouco mais o treinador, no intuito de poder colaborar ao máximo com minha equipe. Sendo assim, viajava para filmar alguns jogos, fazia alguns relatórios individuais, verificava as possíveis formações do adversário, montava relatórios quantitativos de nossa equipe, entre outros trabalhos, fazendo já, sem perceber, o trabalho de um analista.

Já existia o trabalho de edição de imagens, porém pouquíssimas pessoas faziam e na maioria das vezes tínhamos que terceirizar esse trabalho, haja vista que ter um notebook não era algo tão comum como nos dias de hoje, quem dirá um projetor de slides ou outros meios tecnológicos que encontramos na atualidade.

No ano de 2012, voltei ao clube que me formei, o Guaratinguetá Futebol, onde trabalhei de 2001 a 2008 nas funções de preparador de goleiros e preparador físico como já descrito anteriormente. Retornei ao clube na função de fisiologista e, ao conversar com um grande amigo, Douglas Saretti, que na época era Diretor de Treinamento e iniciação esportiva do All-Nasser Dubai, contando a novidade, ele me falou o seguinte: "Muito bom, mas pesquise sobre Análise de Desempenho. É um trabalho que está crescendo no Brasil e uma área em que você pode conseguir um mercado melhor.".

Comecei a pensar no que seria isso, considerando que o fisiologista é um Analista de desempenho e que essa função nova para mim na época tinha total relação com a parte física. Comecei a estudar e vi que o assunto se tratava de uma análise do jogo em si, em relação aos componentes táticos, técnicos, características individuais e coletivas, movimentos etc. Percebi que para ingressar nesse meio teria que me preparar muito, pois minha maior experiência era na parte física.

Comecei a simular alguns relatórios, assistir a jogos com outros olhos e colher alguns dados que poderiam ser úteis. Posteriormente mudei de equipe e comecei a implantar junto à fisiologia o trabalho de análise, logicamente de uma forma que conseguisse conciliar, pois podemos considerar que é muito trabalho para uma pessoa só e ainda tinha que ajudar no campo, trabalho que sempre gostei de fazer por ser da área do treinamento desportivo.

O conhecimento em várias áreas poderia me ajudar muito, mas tinha que ter um foco. Foi quando no final de 2012 comecei meu primeiro trabalho como analista de desempenho, mas sempre com essa dúvida em relação à definição dessa função. Como citado anteriormente, no meu caso, sempre gostei da parte prática, do campo, da elaboração e aplicação de treinamentos, planejamento etc. Percebi que com organização e planejamento, conseguiria ajudar no campo e nas análises e com o passar do tempo fui chegando à conclusão de que o analista é um auxiliar técnico que utiliza de meios extra-campo para realizar seu trabalho, o que não o impede de estar no campo à disposição do treinador.

Equipes mais estruturadas podem contar com um ou mais analistas, o que iremos tratar um pouco mais a frente. Ainda neste capítulo explicaremos melhor sobre os tipos de analistas.

Concluindo esse assunto, considero o analista um auxiliar que, dependendo da estrutura da equipe, terá mais de uma função e que todos os membros da comissão técnica analisam o desempenho da equipe de uma certa forma.

1.2 O papel do analista de desempenho

No futebol de alto rendimento o analista vem tendo um papel importantíssimo na equipe. Muitas equipes já possuem um analista fixo, em que o treinador que chega já encontra o serviço no próprio clube. E muitos treinadores já costumam levar consigo um analista, em que se a equipe já dispor, é um trabalho que pode ser realizado por mais de um normalmente e, consequentemente, podendo cada vez mais melhorar e coletar mais dados em busca do resultado positivo.

Esse profissional será o responsável pelo fornecimento de relatórios tanto de sua equipe como do adversário, além do seu armazenamento em um banco de dados que pode futuramente ser útil à sua equipe. O analista cuidará da parte tecnológica no que se diz respeito à filmagem, edição de jogos, utilização de programas para elaboração dos relatórios etc. Cuidará também da prospecção de atletas, pontos que serão discutidos nos capítulos posteriores.

Anderson e Sally (2013, p. 19) exemplificam em um dos trechos de sua obra o papel dos analistas de desempenho, usando como referência os profissionais da equipe inglesa do Everton:

> É isso que Steve Brown e Paul Graley fazem para David Moyes no Everton. Os analistas de jogos do treinador passam horas preparando e destrinchando as partidas da Premier league de forma meticulosa, examinando o ataque e a defesa de seus próprios jogadores e dos adversários, preparando material de apoio a respeito do marcador direto de cada jogador. Antes de um jogo, eles examinam pelo menos cinco partidas anteriores do rival, compilando relatórios estatísticos e combinando-os aos dados da Prozone (programa que fornece dados técnicos, táticos e físicos). Usando os dados e o vídeo, eles observam o estilo, a forma de jogar, as forças e fraquezas, o posicionamento e os pontos fracos e defeitos dos adversários.

Tudo isso é mastigado e apresentado a Moyes, que condensa um pouco mais o material e apresenta as conclusões a sua equipe.

Grande parte das equipes já vem se preocupando com essa função e vem buscando contratar esse profissional, considerando seu papel importante nas comissões técnicas. O filme "Moneyball", que em português conhecemos como "O homem que mudou o jogo", retrata bem o papel do analista de desempenho dentro do esporte de alto rendimento, principalmente na montagem do elenco, mostrando sua grande importância no processo, de acordo com a importância dada pelo treinador a esse profissional ou departamento.

1.3 O perfil do analista de desempenho

Muitos atributos podem colaborar positivamente no perfil de um analista. Ter uma certa experiência no futebol pode ser um fator positivo para o profissional dessa função, pois não cometerá erros de dia a dia como intervir na comissão técnica em momentos indevidos, dar opiniões em ocasiões inoportunas etc. Basicamente, conhecer bem do esporte e saber analisar os jogos, elaborar relatórios funcionais e saber passar à comissão e talvez aos atletas tudo que foi estudado já é um bom começo para atuar nessa área.

Fratinni (2010 apud GRECCO; MATHIAS, 2009) cita que alguns treinadores não se utilizam das análises de adversário para preparar seus jogos, pois acreditam que suas experiências práticas são suficientes para avaliar os acontecimentos de uma partida. Entretanto, no mesmo estudo, o autor cita a pesquisa de Frank e McGarry (1996), em que experimentaram treinadores de futebol experientes e novatos, submetendo-os a indagações sobre acontecimentos de 45 minutos de um jogo. Os resultados mostraram que os treinadores mais experientes tiveram um índice de acerto menor do que os novatos e, além disso, mostraram mais confiança em suas respostas erradas.

Normalmente os analistas ficam em uma sala, onde o treinador e outros membros da comissão, além dos atletas, o procuram para buscar informações referentes a várias situações da equipe e do adversário. Um bom tratamento e cuidado na forma de se passar as informações pode ser um grande diferencial e fazer cada vez mais com que, principalmente os atletas, procurem esse profissional para se consultar e consequentemente se interessar pelos trabalhos desenvolvidos, auxiliando diretamente no processo. Porém isso será conquistado pela pessoa, primeiramente com seu trabalho, que se não for útil não terá procura e posterior resultado.

Saber a forma com que o treinador gosta de trabalhar é um ponto importante em relação ao perfil e postura do analista. Muitos treinadores gostam de impor a sua forma de elaboração de relatórios e principalmente apresentação aos atletas, contudo os analistas dispõem de sua forma preferida de trabalhar, que se não soubermos lidar com o momento, podemos causar certa indisposição. No meu ponto de vista, saber aliar o seu método aos gostos do treinador pode enriquecer o trabalho e fazer com que todos fiquem satisfeitos com o que será oferecido.

As pessoas encarregadas de realizar tal trabalho precisam ter coerência, sensatez e saber o que o técnico principal pretende saber da equipe adversária. Se não ocorrer essa sintonia entre o membro da comissão técnica, que faz as observações, e o treinador da equipe, corre-se o risco de chegar informações que são facilmente deduzidas e de pouco valor prático. É importante diferenciar opiniões de fatos. Não é preciso fornecer uma quantidade grande de dados que muitas vezes não são compreendidos pelo treinador, mas aspectos relevantes que ele compreenda (FRATINNI, 2010, apud GARGANTA, 2006).

Por parte dos investigadores do futebol deve-se ter claro que a função primária da análise de jogo é suprir o técnico com informações da performance do time e individual (ZISKIND, 2006, apud FRANKS; MCGARRY, 1996). Quando se trata de alto rendimento no esporte, toda informação pode ser expressiva no resultado final. Portanto as pesquisas devem ser realizadas de modo a satisfazer necessidades dos profissionais da área, se aproximando dos gramados, unindo teoria e prática, ciência e experiência.

Com a tecnologia avançada dos dias de hoje, sabemos que um relatório pode ser enviado pelo próprio celular. Podemos apresentar aos atletas de uma forma geral, em grupos ou individual também, os relatórios em vídeo ou escritos, logicamente sempre se preocupando em ser o mais simples e objetivo possível. O tempo dos vídeos, a qualidade das imagens, os dias a se passar o material, além de outros aspectos, devem ser considerados e podem fazer a diferença. Penso que o atleta não absorve muitas informações ao mesmo tempo, o que pode nos forçar a aplicar gradativamente os materiais e reproduzir em campo conforme vamos passando os conteúdos.

Segundo Azevedo (2017), a Lei de Pareto, ou Princípio 80/20, 80% das consequências advêm de 20% das causas, ou seja, devemos nos preocupar com o que realmente importa, os pontos principais, sabendo identificar e focar nesses pontos, selecionando o que mais for relevante para o nosso relatório.

Ir direto ao ponto que queremos melhorar em nossa equipe ou explorar e neutralizar no adversário, passa a ser o grande x da questão. Um bom analista é aquele que sabe filtrar bem as informações de maneira bem limpa e de fácil absorção para os atletas e membros da comissão técnica.

1.4 A montagem do departamento

O ideal é que o clube disponha de um departamento de análise. Neste local, os profissionais que lidam diretamente com esse assunto irão organizar todas as informações e poderão também fornecê-las a quem irá utilizá-las. Sabemos que muitas equipes não dispõem dessas condições, mas se tratando de algo importante e que com o passar do tempo pode se tornar real, vamos citar alguns pontos importantes na montagem de um departamento.

Primeiramente o local a se montar o departamento deve ser bem pensado, pois quanto mais perto e acessível à comissão e jogadores, mais integração ocorrerá. Uma sala com espaço para mais de três pessoas, bem arejada, com bom sinal de internet, pode ajudar e muito no processo. Entretanto sabemos que nem sempre poderemos escolher o local, tendo que nos adaptar ao espaço destinado pelo clube.

Em relação aos equipamentos, devemos pensar em tudo que podemos usar e nos ajudarão diariamente, como um armário para se guardar projetor, tripé e câmeras, entre outros equipamentos, mesas com cadeiras confortáveis, considerando que os profissionais passam grande parte do tempo ali, bons computadores, televisão com canais a cabo, quadros táticos, murais, cada item com sua função específica e, como já descrito, um bom sinal de internet, pois essa função é totalmente dependente de atualizações e downloads, em que um empecilho como esse não pode ser aceito pelo fato de vir a atrapalhar o desempenho do trabalho.

Um bom departamento deve priorizar a organização e conter as informações necessárias de acordo com a demanda. Muitas vezes em clubes com pouca estrutura conseguimos montar bons departamentos, ficará a cargo dos responsáveis por esse setor cuidar e buscar melhorias para esta sala, haja vista que estarão grande parte do tempo por lá.

1.5 Tipos de analistas

Com o passar do tempo, verifiquei alguns tipos de profissionais que desempenham essa função:

Analista de sala

Como o próprio nome explica, esse profissional ou mais de um se for o caso, atuará apenas dentro do departamento, onde montará os relatórios. Tanto a comissão técnica como jogadores irão ao seu encontro em busca das informações. Logicamente acompanharão jogos por meio de filmagens, porém ficarão restritos ao trabalho dentro do departamento.

Auxiliar/Analista

Como já citado, um analista pode também atuar no campo, logicamente com uma boa organização e planejamento do seu trabalho, não deixando que o campo atrapalhe a análise e vice-versa. Um analista não deixa de ser um auxiliar, mas acompanhar os treinamentos pode enriquecer ainda mais os relatórios, pois saberá exatamente os conceitos aplicados pelo treinador e o que ele pode realmente explorar na montagem de seu material, além do que está sendo realmente necessitado para aquela equipe ou jogador. Nem todos os analistas estão preparados para auxiliar no campo também, pois isso requer conhecimento sobre treinamento e, voltando no assunto relacionado ao perfil, para se tornar um analista, inicialmente, a pessoa precisa saber analisar o jogo, mas isso não garante que ela saiba aplicar e reproduzir certos itens coletados nos treinamentos e jogos. Com isso, cabe à comissão técnica tomar muito cuidado com essa dupla função, pois se não houver formação para isso por parte do analista, estamos colocando alguém despreparado para atuar no campo.

Analista à distância

Esse tipo de analista se assemelha ao de sala, porém alguns clubes utilizam dessa forma. Os relatórios são elaborados à distância e enviados via internet. Talvez o problema deste tipo de analista, é não estar trabalhando no dia a dia da equipe, o que pode deixar muito distante a relação entre os profissionais. Talvez seja um bom caminho buscando economia, mas pode se perder em outros pontos. Havendo interação entre os membros da comissão e o analista, o trabalho pode fluir normalmente.

1.6 Trabalhando de acordo com a estrutura de sua equipe

Citamos sobre a montagem do departamento e reforçamos ser o ideal para aplicação do trabalho de análise. Considerando que nem sempre o ideal é o real, em muitas equipes teremos que nos organizar bem, pois não iremos dispor de uma sala.

Uma boa saída é termos boa internet em nossa casa, pois por trabalharmos com carregamentos e envios de vídeos, que se tratam de arquivos pesados, muitas vezes usamos a noite para tais trabalhos, em que estar no clube, principalmente sem a estrutura adequada, pode atrapalhar. De qualquer forma, temos que conhecer bem o clube e planejar como iremos desenvolver nosso trabalho, se será em grande parte na nossa casa, se usaremos internet do clube, se gravaremos os jogos no clube ou em outro lugar etc.

Muitos analistas têm seu departamento dentro do seu computador, e pode levá-lo para onde quiser pois possui tudo que precisa para desenvolver seu trabalho a qualquer hora do dia. Mais uma vez um bom planejamento e organização podem fazer a diferença.

Obter seu próprio material gera um certo custo, porém pode adiantar principalmente o seu processo de adaptação no clube. Solicitar materiais, principalmente em clubes com menor estrutura, pode gerar certo desconforto com a diretoria, considerando que seu trabalho continuará independente do clube, vale a pena obter os principais materiais.

1.7 A tecnologia a favor do esporte

A tecnologia não mudará a velocidade, o valor, nem o espírito do jogo. Não há razões para ser contra essa tecnologia (VALCKE, 2012 apud FILHO et al., 2013).Ainda neste artigo, referente à tecnologia no esporte, alguns exemplos são dados pelos autores em relação ao seu uso em outras modalidades:

> Em alguns esportes técnicos e atletas utilizam a biomecânica. Na natação, por exemplo, essa análise é feita a partir de câmeras submersas. Assim, os treinadores podem avaliar nos mínimos detalhes os movimentos dos saltos, braçadas e os de pernas. Os melhores atletas do mundo utilizam a análise biomecânica e a parte da cinemática para auxiliá-los em seus treinamentos, melhorando suas performances (MORAES, 2011).

> No judô existe um software chamado Frami, que é capaz de analisar uma luta, criar e salvar os movimentos e pontuações em um banco de dados, fazendo com que os treinadores possam fazer uma avaliação e decidir qual é a melhor tática para se usar. Já existem outros lutadores que estão utilizando esse meio para conquistar vitórias em competições internacionais, ficando, assim, melhor ranqueados na modalidade (MIARKA, 2012).

O basquete também possui um software que pode ajudar os técnicos, o chamado Dart fish. Este software captura as imagens dos atletas, de uma equipe e seus adversários para poder ser analisado e definir um estilo do jogo mais eficiente dentro de quadra, e isso ajuda bastante na hora da vitória (FERRACCIÚ, 2012).

No futebol, existem várias maneiras de se usar a tecnologia, pois cada departamento vem evoluindo muito com o seu avanço. A fisiologia, a fisioterapia, a psicologia, a arbitragem etc., entre eles, a Análise de Jogo.

Encontramos muitas dúvidas sobre o que o analista precisa ter para desenvolver seu trabalho. A resposta para isso dependerá de como ele pretende aplicar o trabalho de análise. Em equipes mais estruturadas, a demanda e a cobrança será bem maior e, consequentemente, o departamento deverá dispor de mais equipamentos e melhor estrutura para realização do trabalho. Nada impede que com uma câmera e um computador também consigamos realizar uma boa análise.

Abaixo consta uma relação com alguns materiais necessários para o trabalho, que de acordo com a estrutura da equipe podemos utilizar. Logicamente, outros profissionais podem dispor de equipamentos que não constam na lista, porém trata-se apenas de um exemplo para ajudar no dia a dia:

- filmadora com boa definição;

- cartão de memória de alta capacidade;

- tripé para câmera;

- programa de edição de imagens;

- programa de montagem de apresentação em slides;

- programa para simulações de situações de treinos e jogos (prancheta eletrônica);

- placa de captura;

- tv a cabo com HDMI;

- extensão;

- HD externo;

- computador com boa capacidade;

- programa para montagem de relatório;

- programa de análise;- programa para baixar os jogos;

- entre outros.

Novas tecnologias sempre têm custos mais elevados do que aquelas que as precederam. E quanto mais sofisticado o sistema mais difícil seu acesso. Pode ser possível utilizar sistemas de ponta em uma pesquisa isolada, mas o uso frequente de equipamentos de alto custo é um obstáculo que muitas vezes não pode ser transposto. Existem sistemas de registro de dados quase automatizados, mas o elevado custo impossibilita a utilização (ZISKIND, 2006, apud ORTEGA, 1999). Por esse motivo, os sistemas de anotação manual continuam sendo empregados com frequência. É necessário equilibrar a balança entre tecnologia e acessibilidade, pois o uso contínuo da tecnologia no esporte depende de uma adequação dos equipamentos aos objetivos pretendidos

CAPÍTULO 2

O QUE ANALISAR?

Uma boa análise deverá passar por um bom conhecimento do jogo. Saber o que está acontecendo na partida, em relação à nossa equipe ou do adversário daquele jogo ou do próximo passa a ser o principal ponto para analisarmos.

O futebol é uma modalidade complexa e que pelo tamanho do campo, número de atletas e tempo de jogo, não conseguimos afirmar que sempre ocorrerá a mesma coisa dentro de uma partida. Com isso, devemos analisar o que ocorre em cada momento do jogo, não nos referindo ao tempo e sim ao que pode acontecer tanto ofensivamente como defensivamente.

Podemos encontrar a denominação "fases", que Tobar (2013, p. 28) cita algumas definições segundo os autores:

> Teodorescu (1984 citado por. GUILHERME OLIVEIRA, 2004), a "fase" ofensiva é caracterizada pelo fato de a equipe ter a posse da bola e através de ações coletivas e individuais tenta marcar gols. Já a "fase" defensiva, por sua vez, caracteriza-se pela equipe não ter a posse da bola e através de ações coletivas e individuais tenta recuperá-la para entrar em fase ofensiva, evitando assim o gol na sua baliza.

> Guilherme Oliveira (2004, p. 146), esclarece-nos que o termo "fases" surge em função da "característica sequencial dessas mesmas etapas, ou seja, existe sempre uma lógica sequencial implícita"; e explica que uma equipe que está defendendo, ao recuperar a bola passará a atacar, enquanto que uma equipe que está atacando, ao perder a bola, passará a defender, sendo esta uma lógica ininterrupta.

Fonseca, (2004), coloca três questões básicas presentes no jogo, citadas por Garganta (1997) que servem para orientar as análises:

- dimensão temporal: referente aos períodos de ocorrência de eventos nos jogos, tempo de realização das ações, velocidade de execução das tarefas, tempo de posse de bola, tempo total do jogo; ou seja, todas as variáveis que possam ser caracterizada em função do tempo;

- dimensão espacial: referentes aos eventos que ocorrem em certas regiões do campo, ao posicionamento das equipes com ou sem a bola, em sequências defensivas ou ofensivas; ou seja, todas as ações da partida que possam ser caracterizadas em função da localização dentro do campo de jogo;

- dimensão tipo de tarefa: referente ao tipo de ação ou fundamento utilizado em dada jogada, sua qualificação, assim quanto ao número de jogadores ou participações com a bola em uma determinada situação; ou seja, todas as relações da partida que possam ser caracterizadas em função do tipo de tarefa realizada e/ou pelos jogadores participantes, associados à qualificação e quantificação dos eventos analisados.

Segundo Leitão, 2009, os princípios a seguir devem ser analisados numa partida de futebol:

Ataque	Defesa	Transição Ofensiva	Transição Defensiva
Amplitude	Temporização	Densidade Ofensiva	Densidade Defensiva
Penetração	Cobertura	Balanço Ofensivo	Balanço Defensivo
Profundidade	Equilíbrio	Proporção de Ataque	Proporção de Defesa
Mobilidade	Flutuação		
Apoio	Recuperação		
Ultrapassagem	Compactação defensiva		
Compactação Ofensiva	Bloco		
	Direcionamento		

QUADRO 2

FONTE: Leitão (2009).

2.1 Os momentos do jogo

Assim como os sistemas de jogo, os momentos também se dividem em ofensivos e defensivos. Podemos encontrar na literatura algumas divisões sobre esse assunto que levarão à mesma finalidade. Sabemos que o futebol é dividido em duas fases: ofensiva e defensiva. Alguns autores ou treinadores colocam a divisão em três partes: fase ofensiva, defensiva e bolas paradas. Encontraremos também três fases divididas distintamente em organização (ofensiva e defensiva), transição (ofensiva e defensiva) e bolas paradas (ofensivas e defensivas). Organização ofensiva, transição ofensiva, organização defensiva e transição defensiva, além das bolas paradas também ouviremos falar muito. Podemos também não encontrar a consideração das bolas paradas como momento do jogo.

FIGURA 1 – FLAMENGO EM ORGANIZAÇÃO OFENSIVA E BOTAFOGO EM ORGANIZAÇÃO DEFENSIVA

FONTE: o autor, por meio do Programa Wyscout

Ao meu modo de pensar, podemos dividir o futebol em 6 momentos: organização ofensiva, organização defensiva, transição ofensiva, transição defensiva, bolas paradas ofensivas e bolas paradas defensivas, pois todos estes devem ser estudados quando nos referimos à análise do jogo. Devemos também, considerar que as transições são momentos muito curtos e que rapidamente se transformam em organização

Estudaremos cada momento de forma separada demonstrando onde ele pode ocorrer e o que pode acontecer.

Organização ofensiva

Como o próprio nome diz, a organização ofensiva é o momento em que a equipe se organiza, ou seja, se prepara para atacar, até a conclusão dessa jogada, sendo ela ao perder a bola, finalizar, ou ao sofrer uma falta. Durante essa organização, verificamos qual sistema a equipe utiliza para atacar e suas variações, além dos pontos fortes e jogadas que podem ser criadas para chegar ao gol adversário. As características ofensivas dos jogadores auxiliam e muito no padrão de organização ofensiva da equipe.

Podemos usar esse momento para entender melhor o que significam os momentos do jogo. Por exemplo, uma equipe está em posse de bola e ao chegar no terço final do campo, o adversário rouba a bola. Nesse instante, afirmamos que a equipe que estava em organização ofensiva, ao perder a bola, passou para transição defensiva. O comportamento das equipes em relação a esses momentos é o que deve ser analisado, sempre considerando as tendências de jogo, ou seja, se uma equipe se organiza ofensivamente com posse de bola, em que sempre que tem a posse troca passes buscando a melhor maneira para chegar ao gol adversário, consideramos a posse de bola como uma tendência de organização ofensiva dessa equipe. Se num determinado momento essa equipe utiliza de uma ligação direta, sendo que isso não ocorre constantemente, não precisamos considerar. Porém se essa ligação direta levar perigo ao adversário, devemos nos atentar, pois pode se tratar de uma arma quando o que foi treinado não vem dando certo, ou seja, uma saída para driblar o que o adversário se preparou para não ser surpreendido. Além das características individuais, já citadas anteriormente, alguns fatores como troca de passes e posicionamento em amplitude, formação de linha de passes, saída de bola no meio de campo ou no tiro de meta, posse de bola no campo adversário, ligações diretas, utilização dos corredores laterais, são algumas situações que podem ocorrer com uma equipe na organização ofensiva.

FIGURA 2 – VOLANTE ENTRANDO NA LINHA DOS ZAGUEIROS PARA INICIAR A CONSTRUÇÃO DA JOGADA
FONTE: o autor, por meio do Programa Wyscout

Organização defensiva

Ao contrário da organização ofensiva, a defensiva corresponde ao momento em que a equipe se organiza enquanto o adversário está atacando. Um mesmo sistema pode variar durante as organizações, onde tentar evitar que o adversário chegue perto da sua meta ou evitar que o mesmo finalize passa a ser o maior objetivo nesse momento.

Apenas organizar-se em uma determinada formatação e aguardar o adversário não é o principal ponto na organização defensiva. Podemos, mediante a análise do adversário, criar formas de neutralização das principais jogadas, direcionar o oponente para um determinado lado ou região do campo, fazer com que os passes sejam realizados para trás, principalmente ao passar do meio de campo entre outros pontos.

O tipo de marcação a se utilizar também se engloba à organização defensiva. Pode ser usada uma marcação sob pressão durante um certo tempo do jogo, visando recuperar a bola o mais rápido, ou esperar o adversário atrás do meio de campo para uma saída em velocidade, sempre reforçando a grande importância do treinamento, padronizando a equipe a se organizar de maneira correta e dentro da estratégia de jogo oferecida.

A maneira como minha equipe está se comportando, como sofremos aquele gol, podem ser corrigidas com imagens específicas à organização defensiva, considerando um ponto de análise importantíssimo visando minimizar cada vez mais os erros.

FIGURA 3 – PALMEIRAS EM ORGANIZAÇÃO DEFENSIVA
FONTE: o autor, por meio do Programa Wyscout

Transição ofensiva

Para acontecer uma transição ofensiva, dependemos de uma organização defensiva. Podemos definir transição ofensiva como o instante em que a equipe passa de organização defensiva para organização ofensiva, ou seja, o que a equipe faz para transitar entre os momentos de organização.

Analisando o jogo, podemos entender melhor esse momento ou instante. Chamamos de instante, pois ocorre num curto espaço de tempo. Vamos dar um exemplo: a equipe A está em organização ofensiva, consequentemente a B está em organização defensiva. Num determinado momento a equipe B rouba a bola e imediatamente realiza um lançamento para seu atacante de velocidade. Usar um passe longo para um jogador de velocidade é uma das formas de transição ofensiva.

Algumas equipes tentam se organizar novamente com posse de bola, outras tentam tirar o mais rápido da zona de pressão adversária ou procuram algum jogador posicionado sem marcação para articular um contra-ataque, entre outras formas de se transitar ofensivamente. Porém temos que nos atentar bem a esse momento ou instante, pois por ocorrer de forma muito rápida, às vezes estamos pensando que a equipe está em transição, mas já está novamente em organização.

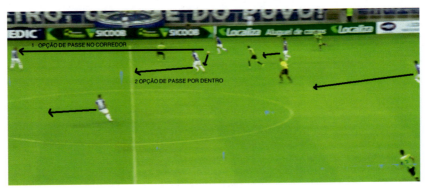

FIGURA 4 – CRUZEIRO EM TRANSIÇÃO OFENSIVA
FONTE: o autor, por meio do Programa Wyscout

Transição defensiva

Para explicar este momento ou instante, vamos continuar com o exemplo anterior, apenas dando sequência ao lance comentado: a equipe lançou o atacante de velocidade que ao receber a bola foi pressionado pelo adversário, o que o fez realizar um passe para trás e automaticamente a equipe A foi se organizando defensivamente. Essa atitude do defensor da equipe A realizar uma pressão ao atacante de velocidade da equipe B já nos ajuda a explicar sobre a transição defensiva, ou seja, ela corresponde ao que a equipe fará imediatamente após a perda da posse de bola.

Neste exemplo, o defensor da equipe A realizou uma pressão ao portador da bola, podendo ou não roubar, mas ao mesmo tempo proporcionando que os outros jogadores se posicionassem, entrando automaticamente em organização defensiva. Então, assim como na transição ofensiva, a transição defensiva corresponde no instante em que a equipe passa de organização ofensiva para defensiva.

Logicamente, assim como os outros momentos, a transição defensiva deve ser muito bem treinada, em que afirmamos que no futebol atual existem várias formas de treinamento para isso de acordo com o modelo de jogo adotado e também baseado numa análise do adversário se preparando para não ser surpreendido nesse momento. Passar a linha da bola, pressionar o portador da bola, pressionar em ação conjunta, fazer o adversário usar passes para trás, entre outros pontos, podem caracterizar este momento.

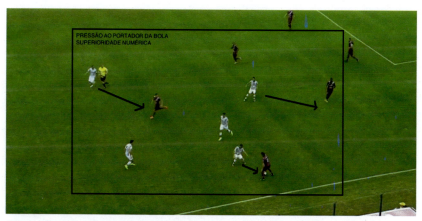

FIGURA 5 – EQUIPE DO JUVENTUDE EM TRANSIÇÃO DEFENSIVA
FONTE: o autor, por meio do Programa Wyscout

Bolas paradas ofensivas

Podemos separar dentro desse momento todas as ações de bolas paradas ofensivas ocorridas no campo de ataque. Com isso, vamos estudar um pouco sobre escanteios, faltas laterais e frontais, além dos arremessos laterais, que hoje em dia vem sendo uma arma para muitas equipes. A saída de bola do meio de campo ou o tiro de meta não deixam de ser bolas paradas ofensivas, porém prefiro inserir esses dois pontos à organização ofensiva por não serem situações diretas e que podem acarretar em gol imediatamente.

Consideramos o momento da batida até a conclusão da jogada e podemos encontrar muitas variações e situações importantes para serem analisadas, como o número de jogadores posicionados para batida, quantos jogadores se posicionam dentro da área, como se movimentam na área, se a batida é fechada, aberta ou reta, onde vai a bola, se existe ou não alguma jogada ensaiada, quantos ficam para segunda bola fora da área etc. Todos esses pontos se referem principalmente às faltas laterais e escanteios.

Para as faltas frontais, podemos analisar os batedores de perto e de longe da área, se batem por cima ou por baixo da barreira, se costumam usar o canto do goleiro, se têm alguma jogada etc. Já nos arremessos laterais, analisamos onde vai a bola, como se posicionam na área, para quem vai a bola precisamente, além da movimentação dos jogadores.

Existem muitas variações de bolas paradas ofensivas, dentro do próprio jogo, mas pelo que temos acompanhado nos últimos anos, não tem mudado muito a forma das equipes utilizarem esse momento. A maioria das equipes: - usam quatro a seis jogadores na área;- às vezes usam dois na bola, com um ou dois jogadores no rebote;- quando se encontra o espaço usam a batida curta. Dificilmente encontramos uma ou mais jogadas dentro do jogo. Não que isso seja impossível de acontecer, mas se analisarmos partidas a fundo, veremos que a grande maioria das bolas paradas ofensivas correspondem a levantamentos para área buscando os melhores cabeceadores. Algumas jogadas que comumente ocorrem são:

- batidas no primeiro pau com um homem definido para ocupar aquele espaço com movimentação, visando desviar para o gol ou para atrás para um novo elemento que chega;

- alguns jogadores com função de bloqueio para liberar espaço ao melhor cabeceador;

- entrada de um dos jogadores posicionados fora da área como elemento surpresa;

- batidas curtas com um homem saindo de dentro da área ou vindo de trás;

- batidas fechadas na direção do gol com vários homens atacando a bola;

- batida aberta no segundo pau;

- batidas no 1º pau;

- nas faltas laterais um jogador se movimenta para o segundo pau, onde a bola será alçada para que ele devolva ao meio da área ou direcione a bola para o gol;

- posicionamento de dois jogadores na bola visando apenas tirar um jogador adversário da área ou fazer uma jogada curta e forçar a superioridade numérica.

Considerando os tópicos acima, podemos analisar as bolas paradas ofensivas identificando os jogadores que podem ir para área, sua estatura, melhores cabeceadores, jogadas, e assim, poder utilizar a sessão de treinamento para que não haja surpresas. Mesmo assim, o adversário pode vir com uma jogada preparada e surpreender sua equipe, o que nos reforça ainda mais se preocupar ao máximo com nossa equipe, em reforçar a defesa e a atenção aos momentos defensivos, sempre conhecendo principalmente as características individuais dos adversários e o que eles podem nos proporcionar.

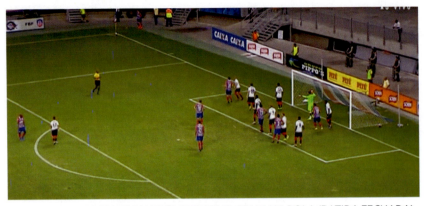

FIGURA 6 – BAHIA EM ESCANTEIO OFENSIVO COM 1 NA BOLA (BATIDA FECHADA), 6 NA ÁREA E 1 NO REBOTE
FONTE: o autor, por meio do Programa Wyscout

FIGURA 7 – SPORT RECIFE COM 1 NA BOLA (BATIDA ABERTA), 6 NA ÁREA E 2 NO REBOTE
FONTE: o autor, por meio do Programa Wyscout

FIGURA 8 – FLAMENGO COM 2 NA BOLA, 5 NA ÁREA E 1 REBOTE
FONTE: o autor, por meio do Programa Wyscout

FIGURA 9 – ATLÉTICO MINEIRO EM FALTA LATERAL COM 1 NA BOLA, 6 NA ÁREA E 2 NO REBOTE
FONTE: o autor, por meio do Programa Wyscout

FIGURA 10 – AVAÍ EM FALTA LATERAL COM 2 NA BOLA, 4 NA ÁREA E 2 NO REBOTE
FONTE: o autor, por meio do Programa Wyscout

Bolas paradas defensivas

O momento bolas paradas defensivas é basicamente o contrário das ofensivas, ou seja, se analisamos como essa equipe ataca no escanteio, faltas laterais, frontais e arremesso lateral no campo de ataque, vamos verificar como as equipes defendem nessas ocasiões. Normalmente os pontos a se verificar são a forma de marcação, posicionamento, pontos positivos e negativos, jogadores à frente para contra-ataque, número de jogadores na barreira na falta lateral, melhores e piores marcadores, se na barreira frontal usam alguém para evitar a bola por baixo, se são desatentos à jogadas e batidas curtas etc.

Uma situação pouco explorada é avaliar o melhor cabeceador adversário, ou seja, quem é o melhor defensor daquela equipe e além de buscar uma batida longe desse jogador, colocar alguém para o marcar, impedindo ou atrapalhando na ação defensiva.

Podem ocorrer muitas variações nesse momento e se for bem analisado, treinado e executado, os pontos fracos do adversário podem ser explorados e o resultado pode ser definido a partir de um bom aproveitamento contra o adversário e se protegendo bem em relação à nossa equipe.

Nesse momento, analisamos o tipo de marcação, ou seja, se marcam de forma "individual", o famoso homem a homem, em que se definem antecipadamente os marcadores e cada um fica responsável por um determinado atleta ou por "zona" ou "setor", onde normalmente se forma uma linha de marcação considerando que cada atleta será responsável por determinado setor da área.

Em ambas as formas encontramos alguns sérios problemas. Na marcação individual, normalmente se um jogador conseguir finalizar, o culpado será o seu marcador, que foi definido anteriormente, e percebemos que muitos jogadores não gostam desse tipo de marcação por esse fator. Na marcação por zona, pode haver uma transferência de responsabilidade por parte dos atletas, em que um pode dizer que não foi em seu setor e assim por diante. Com nossas análises, conseguimos verificar quantas vezes quisermos onde realmente ocorreu o erro e posteriormente corrigir para o próximo jogo.

O treinamento se torna fator preponderante não só nesse momento do jogo, mas em todos. A equipe que consegue se concentrar e posicionar bem nas bolas paradas defensivas sofrerá menos riscos de levar o gol. Porém a forma de se defender deverá estar bem ensaiada e sincronizada para que um escanteio, por exemplo, não jogue por água abaixo todo trabalho realizado.

A maneira com que a equipe irá se defender pode muitas vezes esconder a forma de atacar, usando isso como arma contra o adversário. Equipes com uma boa bola parada defensiva e jogadores velozes, não só no setor de frente, mas também atrás para usar a saída rápida, podem surpreender o adversário e usar o contra-ataque de bolas paradas como forma de marcar o gol. Algumas equipes preferem que todos jogadores voltem para área, cada um tendo uma função de marcação, porém, quando recuperam a bola, rapidamente usam a saída desses jogadores para atacar de frente e pegar o adversário desprevenido e correndo contra o seu próprio gol. A saída do goleiro e sua rápida e boa reposição pode ser uma grande arma para se contra-atacar em velocidade.

Podemos encontrar os dois tipos de marcação e ainda a marcação mista, em que alguns jogadores marcam individualmente e outros por setor. Ainda com relação a quantos jogadores se posicionarão à frente, podemos encontrar equipes com nenhum jogador, como já citado anteriormente, com um, dois ou até três jogadores, o que deve ser treinado e muitas vezes pode complicar um pouco a equipe que está prestes a atacar a bola parada.

FIGURA 11 – ATLÉTICO GOIANIENSE EM ESCANTEIO DEFENSIVO USANDO MARCAÇÃO MISTA, COM 6 EM ZONA E 2 MARCANDO INDIVIDUAL, COM 2 NO REBOTE E TODOS JOGADORES DEFENDENDO
FONTE: o autor, por meio do Programa Wyscout

FIGURA 12 – BRASIL DE PELOTAS USANDO MARCAÇÃO INDIVIDUAL
FONTE: o autor, por meio do Programa Wyscout

Para Leitão (2008), as organizações defensivas, ofensivas ou transicionais são subsistemas do jogo e não devem ser confundidas com fases ou momentos. Isso quer dizer, por exemplo, que na fase de ataque uma equipe se orienta para cumprir as organizações defensiva, ofensiva e transicional ao mesmo tempo, norteando-se por essas organizações no cumprimento do modelo de jogo; não se podendo perder a noção do todo; e isso vale para qualquer fase ou momento. Então, para o mesmo autor, corroborando com Bayer (1992), a fase de ataque, por exemplo, é característica do jogo de futebol, está ali, é princípio. As organizações defensiva, ofensiva e transicional são subsistemas do sistema "jogo" (LEITÃO, 2004).

2.2 Os movimentos coletivos e individuais

Após conhecer e entender bem os momentos do jogo, vamos entrar num assunto muito importante de se analisar no futebol: os movimentos individuais e coletivos. A forma com que aquela equipe se movimenta, se atentando a detalhes posicionais, variações, formas de se defender e atacar coletivamente e individualmente, verificando pontos fortes e fracos, tanto da sua equipe como do adversário.

De acordo com Moura (2011 apud MITCHELL, 1996), comparado ao número de estudos na literatura que lidam com as exigências físicas de jogadores de futebol, pesquisas com análises táticas são limitadas. No futebol, quando uma equipe ataca, os jogadores devem resolver problemas táticos complexos de como manter a posse de bola, avançar em direção ao gol e se mover para regiões vazias do campo para criar oportunidades de gol. Por outro lado, quando defendem, os jogadores devem se mover para proteger o gol e recuperar a posse de bola novamente. Portanto, a organização dos jogadores em campo pode explicar táticas importantes do jogo, e a troca da posse de bola entre as equipes pode causar alterações nesta distribuição.

Vamos entender bem utilizando alguns exemplos sobre cada uma das formas de se analisar esses movimentos.

Movimentos coletivos

Cada equipe se movimenta de uma forma nos determinados momentos do jogo. Essas formas conjuntas de se movimentar organizadamente podem ser chamadas de movimentos coletivos.

Podemos exemplificar na organização defensiva por meio de como essa equipe balança de um lado para o outro após uma troca de passes em amplitude do adversário, quem ocupa cada espaço, se ocupa perfeitamente ou deixa falhas que podem ser exploradas, se ocorre em sincronia. Na organização ofensiva podemos analisar coletivamente as movimentações dos homens de frente para criar espaço e receber a bola, como essa equipe avança progressivamente para ocupar o campo adversário, como é feita a troca de passes, a velocidade, o ritmo dessa equipe, se algum jogador destoa da dinâmica imposta etc.

Nas transições podemos analisar a saída em progressão ao roubar a bola, se algum jogador não acompanha essa saída, ou se isso é um ponto forte da equipe, se jogadores do lado oposto procuram pegar a defesa desprevenida, entre outros pontos, analisando coletivamente a equipe. Na defensiva, se somente um jogador pressiona a bola com o restante se posicionando ou se todos pressionam o homem mais próximo, enfim, dentro dos momentos de jogo as equipes se movimentam coletivamente podendo se preparar para surpreender e não ser surpreendido.

Na obra de Perarnau (2015), contando um período que acompanhou as vivências do treinador Pep Guardiola, o autor exemplifica uma situação de movimento coletivo:

> Durante quarenta minutos, Guardiola se dedica exclusivamente a explicar ao grupo os movimentos de cobertura. O que faz o lateral quando é atacado por um ponta, para onde vai o zagueiro central e onde se coloca o quarto-zagueiro, até que ponto o lateral do lado oposto pode recuar, quando o zagueiro deve avançar para marcação e como seu companheiro deve fazer a cobertura, o posicionamento ideal do volante... São movimentos predeterminados, uma coreografia que pretende bloquear os corredores internos pelos quais é possível desmontar a defesa.

Movimentos individuais

Entendendo bem os movimentos coletivos, fica mais fácil de compreender os movimentos individuais. Quando falamos sobre coletividade, estamos falando de um todo e no futebol não é diferente, pois se trata de uma modalidade coletiva. Porém, como já citado no primeiro capítulo, mais importante que a formatação da equipe, é a característica dos jogadores que a compõe. Por exemplo, se temos um volante de contenção posicionado na extremidade da linha de três do sistema 1-4-2-3-1, por mais que o treinador queira, se aquele jogador não tem a característica ofensiva, com certeza aquele lado não será tão agressivo, logicamente, isso é uma coisa difícil de acontecer, mais só exemplificamos para que fique bem claro. Com isso, movimentos individuais correspondem às partes desse todo, das características individuais dos atletas, para ter um melhor conhecimento sobre eles, tanto para preparar se tratando da nossa equipe, como para se preparar, podendo surpreender ou não ser surpreendido pelo adversário.

Vamos pontuar primeiramente a nossa equipe: conhecer exatamente como cada jogador se posiciona e movimenta no campo, sabendo seus pontos fortes e fracos, pode fazer a diferença na escolha da melhor equipe para um determinado jogo. Além disso, podemos trabalhar em cima do que aquele atleta precisa melhorar, diminuindo seus erros em relação a esses pontos detectados. Saber seus pontos fortes, ao contrário do que foi descrito antes, pode nos ajudar a surpreender o adversário, encaixando um atleta em determinada posição, mesmo que não seja a sua de origem, mas que se encaixe para aquele jogo e ocasião.

Em relação ao adversário, passar aos homens de frente de nossa equipe como se posicionam os defensores adversários, se são lentos ou rápidos, se tem dificuldades por cima, se priorizam um dos lados no um contra um, a perna predominante quando em posse de bola, pode fazer a diferença, assim como passar aos nossos defensores como se movimentam os jogadores adversários do setor ofensivo.

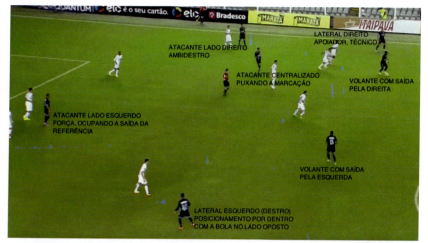

FIGURA 13 – CARACTERÍSTICAS OFENSIVAS DOS JOGADORES DO PAYSANDU
FONTE: o autor, por meio do Programa Wyscout

O analista deve elaborar materiais não só coletivos, mas individuais, tanto para auxiliar na melhora dos seus atletas, como para que os mesmos conheçam bem os adversários que irão enfrentar, além de estarmos automaticamente conhecendo cada vez mais jogadores e suas características, auxiliando em nosso banco de dados.

2.3 O modelo de jogo

Leitão (2004 apud GARGANTA, 1997), coloca que é possível, observando equipes e jogadores ao longo de vários jogos, encontrar padrões de organização, que permitem tirar conclusões sobre o comportamento de jogo de jogadores e equipes. Esse comportamento tem relação com as características do jogo construído pela equipe, especialmente com o seu sistema organizacional. Para esse autor, o comportamento a que se refere, e suas relações, caracterizam o chamado "modelo de jogo".

O mesmo autor cita que, para Mourinho (2006), o modelo de jogo é a direção que faz com que os jogadores possam, nos quatro momentos do jogo, "pensarem sob a mesma perspectiva". Segundo ele, dentre outras características, em seu modelo a bola deve ser recuperada rapidamente, as linhas de marcação devem ficar compactadas e sua equipe deve ficar de posse da bola o maior tempo possível.

Baquete (2014) demonstra dois exemplos de modelos de jogo, utilizados por Barcelona e Real Madrid.

Barcelona:

TABELA 1

Modelo de Jogo	Predominante
Esquema Tático	1-4-3-3 (5) / 1-3-4-3 (1)
Princípio Operacional de Ataque	Conservação da Posse de Bola (6)
Princípio Operacional de Defesa	Recuperação da Posse de Bola (6)
Princípio Operacional de Transição Ofensiva	Retirar a Bola da Zona de Recuperação (6)
Princípio Operacional de Transição Defensiva	Pressão na Bola (6)
Princípios Estruturais de Ataque	Mobilidade (6) / Apoio (6) / Amplitude (4) / Penetração (1) / Compactação Ofensiva (1)
Princípios Estruturais de Defesa	Direcionamento (5) / Cobertura (5) / Compactação (4) / Bloco (2) / Recuperação (2)

Valores entre parênteses apresentam o número de partidas em que a equipe apresentou esses comportamentos como predominantes.

FONTE: Baquete (2014)

Real Madrid:

TABELA 2

Modelo de Jogo	Predominante
Esquema Tático	1-4-4-1-1 (3) / 1-4-2-3-1 (2) / 1-4-3-3 (1)
Princípio Operacional de Ataque	Progressão no Campo de Jogo (6)
Princípio Operacional de Defesa	Recuperação da Posse de Bola (3) / Impedir Progressão (3)
Princípio Operacional de Transição Ofensiva	Jogo Vertical (6)
Princípio Operacional de Transição Defensiva	Pressão na Bola (3) / Recomposição (3)
Princípios Estruturais de Ataque	Ultrapassagem (6) / Apoio (5) / Profundidade (3) / Penetração (3) / Amplitude (1)
Princípios Estruturais de Defesa	Equilíbrio (5) / Compactação (5) / Flutuação (4) / Bloco (3) / Direcionamento (1)

Valores entre parênteses apresentam o número de partidas em que a equipe apresentou esses comportamentos como predominantes.

FONTE: Baquete (2014)

Segundo Gomes (2008), a partir do modelo de jogo o treinador e jogadores desenvolvem uma dada forma de jogar, com determinados princípios de ação. Desse modo, cada treinador concebe e cria seu modelo. Para além disso, o seu desenvolvimento também depende da forma como os jogadores e equipe o assimilam e concretizam.

Zambiazi (2012) coloca que deve estar claro que o modelo de jogo não deve apenas ser imposto pelos treinadores, uma vez que o modelo é uma obra construída em conjunto com os jogadores, afinal eles fazem o jogo, eles são o resultado daquilo que é produzido. Dessa forma o modelo de jogo tem como objetivo potencializar as capacidades inerentes de cada jogador e não o limitar. O modelo de jogo, assim, assume um importante papel na cultura a ser criada na equipe e é necessário que haja aprendizado, que os jogadores realizem dentro do campo de jogo aquilo que foi treinado e que é referente ao modelo de jogo.

Sendo assim o treinador deve fazer com que seus jogadores acreditem e adotem o modelo de jogo definido para que possam construir o jogar em cima de uma ideia. Nesse sentido o modelo de jogo se torna fundamental, uma vez que jogadores e treinadores terão de construir um caminho para um objetivo em comum.

2.4 Sistema, estratégia e a tática

Encontraremos nomenclaturas que podem nos colocar em dúvida ou muitas vezes nos confundir. Sistema, esquema, formação, estratégia e tática. Sabemos que é mais vantajoso para o analista conhecer as características dos jogadores e como eles se movimentam em campo, do que o seu posicionamento dentro dele, não que não seja importante, mas analisar como a equipe se movimenta condiz mais com o que enfrentaremos.

No futebol o conceito de "sistema" tem sido utilizado com diversos significados. O que frequentemente se designa por sistema de jogo ou sistema tático, e se descreve através de siglas como 4:2:4, 4:3:3, 4:4:2, WM, etc. (LEITÃO, 2001 apud GARGANTA, 1997).

De acordo com Moreno (2005), sistema de jogo é a distribuição dos jogadores para o início da partida. Uma formação básica com preenchimento dos espaços e tarefas definidas para esta distribuição.

De uma forma geral, teremos que saber por meio de nossa leitura de jogo, como tudo isso ocorre, podendo passar de uma forma bem simples. Dois pontos importantes a se conhecer são estratégia e tática.

Santana (2008, apud TEODORESCU, 1984) explica que a elaboração de um "[...] plano táctico especial, a preparação da sua aplicação através do treino, bem como outras medidas anteriores ao jogo, constituem a estratégia".

Para Mattos (2006), toda e qualquer ação de treinamento tático que o treinador for pensar, é notória a contribuição do conhecimento desses conceitos. Têm-se diversas composições de sistema de jogo, estratégia de jogo e tática de jogo. No modelo tradicional de treinamento tático, além do problema que os treinadores enfrentam ao confundir esses conceitos, também não os distinguem, e com isso se monta uma estrutura de treino baseada em apenas uma composição (exemplo: 4-4-2, jogando com dois volantes recuados e dois atacantes abertos nas laterais, para que os meias-armadores infiltrem pelo meio da área).

CAPÍTULO 3

A ANÁLISE DENTRO DAS COMPETIÇÕES

Utilizamos dois tipos de análises visando o maior número de informações possíveis tanto em relação às tendências de jogo como às estatísticas, objetivando dados de aproveitamento e analisar como isto vem ocorrendo. Dessa forma, consideramos que existem dois tipos de análises para o futebol: as quantitativas e as qualitativas.

No futebol ocorrem muitas variações, tanto em relação à quantificação e a qualificação das ações durante a partida, em decorrência do modelo de jogo do treinador, da situação, do momento, do resultado, quanto em relação a outros pontos, que complicam a afirmação de quantas ações diferentes e de determinadas características cada atleta realiza durante o jogo (COTTA, 2014).

Chamamos de análise quantitativa as informações obtidas através de números, considerando aproveitamentos, quantidade total de determinada ação, percentual de erros e acertos coletivos e individuais etc. Explicaremos neste capítulo como utilizamos esta análise para nossa equipe e para o adversário.

Fratinni (2010) cita que quando vemos, por exemplo, quantos passes, ataques ou faltas fez uma equipe ou um jogador em uma partida de futebol. Podem-se também obter dados de uma temporada inteira como quantos jogos um atleta realizou, quantos gols marcou, que distância percorreu, quantos ataques efetuou, entre outros.

As qualitativas são relacionadas às imagens do jogo, verificando tendências, pontos fortes, fracos, falhas para serem corrigidas etc. Por meio dessas imagens conseguimos analisar bem o jogo, repetidas vezes se necessário e organizar um material que sirva para nossa utilização diária, auxiliando diretamente em nosso trabalho.

Usando também a colocação de Fratinni (2010), a análise é qualitativa quando o treinador não quer saber números, mas sim as situações que ocorreram durante o jogo. Por exemplo, quer saber se os jogadores mais avançados recuperam a bola rapidamente, ou como é que a equipe desenvolve seu jogo, quais os principais armadores de jogadas, onde e como esses jogadores ganham a posse de bola e que sequência dão ao jogo, como a equipe sai para o ataque, quais as zonas preferenciais de circulação de bola, como se realizam as transições e se são eficazes, entre outros.

Abordaremos agora algumas formas de se analisar tanto a nossa equipe como o adversário, utilizando as análises quantitativas e qualitativas.

3.1 Análise da nossa equipe

Iremos mostrar como analisamos nossas equipes dentro da competição. Levaremos em consideração análises individuais e coletivas tanto em treinamentos como em jogos, mostrando como analisamos nossas equipes de maneira quantitativa e qualitativa nessas situações.

De acordo com Silva (2007), as observações podem ser feitas durante a competição ou durante o treinamento, de duas formas:

- Observação direta: o observador faz a observação no local onde ocorre jogo;

- Observação indireta: o observador não se encontra no local da partida, os registros são realizados com ajuda de recursos tecnológicos.

Análise quantitativa em treinamentos

Antes de iniciarmos este tópico, é importante ressaltar a grande importância de ter boa relação com o uso do Excel, pois é um programa que nos auxiliará em diversas situações.

Ziskind (2006) cita que através do Microsoft Office Excel, em qualquer uma de suas versões, podem ser realizados os mais diferentes tipos de cálculos. É muito comum o uso deste programa para registrar, por exemplo, os gastos pessoais ou empresariais. Pode-se elaborar planilhas para obter, por exemplo, o gasto mensal em supermercados em uma célula; em outra, o gasto em combustível etc. Se for o caso pode-se programá-lo para fazer as médias semanais, mensais ou anuais, ou seja, inserir dados em uma Tabela e visualizá-los da forma que se julgar mais interessante e de maneira muito prática.

Maestri (2010) coloca *Scout* como uma palavra da língua inglesa que pode ser traduzida para o português como explorador. E este é o principal objetivo de um trabalho de *Scout*: explorar todas as possibilidades das equipes analisadas, encontrando pontos fortes e fracos nas mesmas.

O mesmo autor cita a definição de Barbanti (1997, p. 17): o *Scout* é atualmente um sistema de análise de dados de uma partida de futebol de fundamental importância para se detectar precisamente as condições, principalmente técnicas, de um jogador ou da equipe como um todo.

Muita informação às vezes pode atrapalhar um pouco o entendimento, não só dos atletas, mas também do treinador e muitas vezes o nosso. Ser pontual na análise, filtrando informações, ou seja, relatando apenas o que realmente importa é um grande ponto que devemos nos preocupar.

Não estamos querendo inovar falando sobre análise estatística, pois sabemos que a muito tempo, durante os jogos, membros das comissões técnicas já ficavam com uma planilha coletando dados numéricos, usando papel e caneta, do que vem acontecendo na partida. Hoje em dia, já podemos utilizar da tecnologia para obter essas informações, a partir de programas que viram pranchetas eletrônicas, específicos para nossa modalidade.

O que queremos realmente abordar neste tópico é que simplesmente analisar quantos passes erramos ou quantos chutes fizemos a gol, por exemplo, podem não ter valor nenhum. Sobre a análise quantitativa de jogo, discutiremos um pouco mais a frente, iremos agora explicar como podemos organizar os números nas sessões de treinamento para que estas informações sejam úteis para melhora do desempenho de nossa equipe.

Leitão (2001) coloca a importância de se qualificar os números. Qualificar é não só fazer ficar melhor, mas também distinguir e caracterizar algo que o número aponta dentro do contexto.

O primeiro passo para realizar esse tipo de análise é conhecer o trabalho do treinador. Alguns treinadores não gostam, ou não usam, ou até mesmo pedem para você fazer. Além disso, conhecer o treinador está relacionado à sua metodologia, aos conceitos que ele aplica e sabendo isso, elaborar coletas de informações que serão funcionais ao nosso trabalho.

Logicamente, num trabalho de finalizações, podemos avaliar o aproveitamento e verificar se esse trabalho foi bem ou mal executado pelos jogadores. A questão é, se tratando de um fundamento, como exemplificamos acima por meio da finalização, devemos analisar e acompanhar os números individuais dos componentes técnicos que determinados atletas necessitam melhorar e verificar onde ele vem errando para que estes números possam melhorar. Sabemos que mesmo com uma possível melhora quantitativa, no que diz respeito à parte técnica, na hora de executar oficialmente, ou seja, no jogo, ele pode não obter sucesso, pois são vários fatores envolvidos no processo, principalmente o emocional, além da imprevisibilidade que deve ser sempre considerada, inclusive nas sessões de treinamento, pois ainda encontramos um alto volume de trabalhos analíticos e previsíveis que não tem transferência para o jogo.

Individualmente, podemos analisar os atletas em relação à parte técnica e também relacionar esses números às imagens que possivelmente um trabalho complementará o outro. Por exemplo, um atleta que vem tendo um baixo aproveitamento nos treinos de finalização, pode assistir uma gravação de seu treino e analisar, junto ao treinador, no que ele vem errando e em que pode melhorar, ação que muitas vezes ajuda. Podemos também analisar o jogador em relação ao seu posicionamento, quantificando as ações individuais e coletivas, ofensivas e defensivas, em sessões específicas.

Uma pergunta frequente é se conseguimos realizar sozinhos tantas coletas individuais, de tantas ações distintas, volto a frisar, temos que ser funcionais, ou seja, utilizar o que realmente for específico e terá reprodutividade para nosso trabalho. Se tivermos um departamento, podemos organizar essa coleta e obter mais dados para o banco, porém, se somos sozinhos, temos que ver o que é mais importante e focar nisso diariamente.

Voltando ao ponto de conhecer bem o treinador que estamos trabalhando, vamos exemplificar como analisar coletivamente nossa equipe de forma quantitativa. Utilizando como exemplo um treinador que utiliza em sua organização defensiva duas linhas de quatro marcadores, numa sessão em que o foco é o fechamento das diagonais defensivas e foi pedido aos atletas que evitassem que as linhas fossem rompidas, proporcionando ao adversário receber a bola entre elas. Dado esse exemplo de atividade, simples, sem entrar no mérito de qual jogo será elaborado e suas regras respectivamente, podemos quantificar alguns itens: tempo de cada série, tentativas do adversário em romper as linhas, quantas vezes o adversário obteve sucesso e quantas vezes a nossa equipe evitou isso. Em cada série podemos ter um valor e com isso, saberemos o aproveitamento dos defensores no componente tático aplicado, verificando se numericamente aquela sessão foi boa ou não. No final da sessão, podemos transformar a atividade em um número, por exemplo, chegamos ao 67, que corresponde a 67% de aproveitamento naquela atividade, ou seja, de 100 tentativas de rompimento das linhas de marcação, nossa defesa foi superior em 67, o que nos coloca acima da média nesse quesito.

Organizando mais ainda esses dados, podemos elaborar uma planilha que contenha um gráfico com as porcentagens de aproveitamento nos treinos táticos, separando de acordo com os momentos do jogo, momentos ofensivos e defensivos, além de um valor geral. Podemos também descrever a atividade realizada. Analisando esses números, podemos verificar como nossos jogadores vem se comportando quantitativamente em relação aos componentes táticos e os conceitos aplicados nas sessões de treinamento.

Entendemos que a anotação das partidas deveria começar pelas categorias de base, em que o treino e a correção dos fundamentos devem ser intensificados (JUNIOR, 1997).

Análise quantitativa em jogos

Conhecemos por *"Scout"* este tipo de análise. Fonseca (2004, apud GODIK, 1996) atenta que a partir de 1936 teve-se a necessidade de registrar ações tanto individual como coletivas, com o intuito de fixar dados como número de passes, finalizações, desarmes e outros, com a finalidade de se obter eficácia em ações ofensivas e defensivas. Com isso, começou a se fazer o *Scout* das partidas que se desejava registrar.

Ziskind (2012) coloca o trabalho de Reep e Benjamin (1968) como um dos precursores em análise de desempenho no futebol. A pesquisa foi baseada na análise de dados coletados de 3213 partidas ocorridas entre 1953 e 1968. Os autores pesquisaram a relação do tamanho da sequência de passes com o sucesso em realizar o gol. Encontraram que 80% dos gols resultaram em uma sequência de três passes ou menos; e um gol é marcado a cada 10 finalizações, entre outros resultados.

Assim como nos treinamentos, podemos analisar nossa equipe de forma quantitativa nos jogos. Como já citado, não é de hoje que vemos alguém no banco de reservas ou nas arquibancadas fazendo anotações relacionadas aos números que o jogo pode nos proporcionar. A questão é saber realmente o que coletar e consequentemente como usar, para que esses números não sirvam apenas para ficar expostos no mural dos atletas sem função nenhuma.

Carmo (2015) realizou uma pesquisa entrevistando treinadores de futebol sobre a importância da Análise de Desempenho em seu trabalho, em que 77% dos entrevistados acreditam, usam e acham muito importante o *Scout* em seus trabalhos, sendo sua utilização tanto em treinos e jogos e para objeto de estudo sobre o adversário e sua própria equipe. Nesse estudo, identificou-se que o melhor momento para se utilizar é durante o jogo e concluíram que os treinadores e equipes que contaram com o analista de desempenho, profissional gabaritado para utilizar a ferramenta *Scout*, tiveram êxito na competição.

Uma boa análise estatística é aquela que segue a linha de trabalho do treinador, coletando dados que podemos usar nos treinamentos ou como parâmetro nos ajustes antes, durante e depois do jogo. Também conseguimos nos jogos analisar quantitativamente de forma individual e coletiva.

A análise estatística é muito mais que simples planilhas e números: é a abertura para dados e informações de todo tipo – formais, informais, organizados, desorganizados, observados, registrados, lembrados etc. – e a determinação de encontrar alguma verdade, algum padrão e alguma correspondência entre eles. O beisebol, o basquete e o futebol americano adotaram a análise estatística. O futebol está um tanto em atraso, relutando a abraçar o futuro (ANDERSON; SALLY, 2013)

Um estudo realizado por Maglio (2011) resultou em dados numéricos interessantes, como alguns expostos a seguir.

Durante a Liga dos Campeões da mesma temporada, a Inter fez, em seus últimos cinco jogos, apenas 29 finalizações. Dessas, 11 foram conseguidas em ataques posicionais, 10 finalizações em jogadas de bola parada, seis em contra-ataques e apenas duas em ações de ataque rápido.

A Espanha, em 2010, nos seus jogos da Copa do Mundo, alcançou 98 finalizações durante as sete partidas, sendo que 58 (59,2 %) foram produzidas em ataques posicionais, evidenciando a sua forma de jogo a partir da alta concentração da posse de bola. Foram 24 finalizações em jogadas de bola parada, e 10 (10,2 %) construídas através de contra-ataque.

Nas partidas analisadas, no geral, ocorreu um equilíbrio entre os gols conquistados. Foram 76 gols no total, sendo 26 alcançados em ataques posicionais, 20 gols em bolas paradas, 25 gols em contra-ataques e 5 gols em ataques rápidos.

A Inter de Milão, nas 5 partidas analisadas do Campeonato Italiano 2009/2010 produziu nove contra-ataques. Desses, cinco foram originados de marcação zona passiva, três por marcação zona pressão à bola e um em zona *pressing*. Apenas um dos contra-ataques aconteceu em inferioridade numérica, tendo sido oriundo de uma marcação zona pressão a bola.

Na análise individual, podemos coletar dados específicos de acordo com sua posição, sejam eles técnicos e táticos. Temos que concordar que anotar um passe errado de determinado atleta é bem mais fácil do que anotar uma vez que ele não fechou uma linha de passe, porém, se bem organizada a planilha e se o analista estiver habituado a manejá-la, com certeza não terá dificuldades e conseguirá produzir um bom relatório com informações precisas.

Hoje em dia existem programas que podem ser utilizados em tablets e até mesmo em aparelhos celulares, em que conseguimos saber quem tocou para quem, quantas vezes, tempo de posse de bola etc. Se nos adaptarmos bem aos programas, podemos utilizar normalmente, caso contrário, criar o nosso método também é uma boa saída.

Uma análise quantitativa pode ser perfeitamente realizada em conjunto com a qualitativa, verificando por exemplo o que errou, onde errou e o porque desse erro. Você deve estar me perguntando agora, mas o que eu devo coletar? Existe algum modelo de planilha? Existem vários, mas nenhum será melhor que o modelo específico da sua forma de trabalhar, analisando o que realmente acontecer em relação à metodologia do seu treinador.

De qualquer forma, vou dar a seguir alguns exemplos do que podemos coletar de dados nos jogos, tanto de forma individual como coletiva, tanto do componente técnico como do tático. Lembrando que estes são apenas alguns exemplos do que pode ser analisado dividido de acordo com as posições. Sobre os goleiros, estudaremos mais a frente.

Componentes técnicos individuais

Laterais: cruzamentos, passes, desarmes;

Zagueiros: desarmes, ganho de 1ª bola defensiva, ganho de 2ª bola, passe longo;

Volantes: passes, desarmes, ganho de 1ª bola ofensiva e defensiva, ganho de 2ª bola ofensiva e defensiva, finalizações de média distância;

Meias: assistências, finalizações, cruzamentos;

Atacantes: finalizações, cruzamentos, ganho de 1ª bola ofensiva.

Componentes táticos individuais

Laterais: ultrapassagens na organização ofensiva, fechamento da diagonal oposta a bola na organização defensiva, saída rápida pelo corredor em transição ofensiva;

Zagueiros: cobertura, saída rápida para compactação;

Volantes: inversão na transição ofensiva, diminuição dos espaços do adversário forçando o passe para trás;

Meias: ocupação do espaço vazio para receber a bola e poder atacar de frente, posicionamento na transição ofensiva visando dar opção para saída rápida, assistências não realizadas sendo que o atacante fez a movimentação no vazio;   .

Atacantes: movimentação ofensiva na diagonal em organização ofensiva, situações de um contra um, aproveitadas e não aproveitadas, pressão ao portador da bola na organização defensiva.

Componentes técnicos coletivos

Passes certos para frente, desarmes completos e incompletos, passes errados e bolas perdidas por desarme adversário, assistências, cruzamentos certos e errados, inversões, ganho de 1ª e 2ª bola, faltas cometidas e sofridas, finalizações em gol e fora etc.

Componentes táticos coletivos

Ação conjunta de pressão na transição defensiva, realização das movimentações ofensivas treinadas, construção de jogadas do adversário pelos lados do campo, retirada da zona de pressão em transição ofensiva etc. Esses dados podem ser bem organizados em relatórios, que gerem gráficos de acompanhamento individuais e coletivos. Sabemos que cada jogo é uma história e esses números dependem muito do que o jogo irá solicitar, de acordo com a forma de jogar de nossa equipe e do adversário, porém pode servir de parâmetro para analisar bem individualmente e coletivamente a nossa equipe. Muitas vezes trabalhamos sozinhos e não conseguimos dar conta de tanto trabalho. Nesses casos, uma dica é selecionar alguns componentes técnicos e táticos coletivos e anotar enquanto faz a edição do jogo de sua equipe, logicamente tendo que assistir ao jogo novamente. Para facilitar também, dependendo da competição, hoje em dia já encontramos aplicativos que nos fornecem as estatísticas do jogo em tempo real ou pouco tempo após. De qualquer forma, sabendo usar bem os números, podemos ter mais uma noção de como realmente se encontra nossa equipe.

Segundo Moura (2011), com a obtenção das posições dos jogadores de futebol em campo em função do tempo por meio de sistemas de rastreamento, quantificações da área de ocupação e espalhamento de equipes podem ser realizadas. Para uma melhor compreensão da dinâmica do jogo, é necessário entender como essas variáveis mudam ao longo do jogo, enquanto as equipes atacam e defendem. Além disso, uma análise específica dessas variáveis em situações de desarmes e finalizações a gol podem fornecer subsídios para que técnicos aprimorem os programas de treinamento e, consequentemente, o desempenho da equipe na competição.

Análise qualitativa em treinamentos

Quando falamos de análise qualitativa, nos referimos à análise de imagens. No caso de treinamentos e também nos jogos, podemos considerar que, ao detectar um determinado erro ou acerto, seja do banco de reservas ou da arquibancada, realizamos uma análise daquilo que ocorreu imediatamente, ou seja, estamos sempre analisando nossa equipe, seja de uma forma ou de outra.

Considerando o que já foi citado, quando nos referimos a relação da metodologia de análise com o trabalho do treinador, podemos usar este tipo de análise em treinamentos da seguinte forma, em que usarei mais um exemplo como explicação: em um treinamento de organização ofensiva, os jogadores têm como objetivo a formação de linhas de passe onde sempre o portador da bola deverá ter pelo menos duas opções reais para passar a bola. Para isso, sabemos que deve existir muita movimentação por parte de todos os jogadores, para que sempre ocorra o que foi proposto pelo treinador.

Foi criado um jogo simples de posse de bola em meio campo, utilizando 10 contra 10 jogadores em que a cada troca de 15 passes a equipe alcançaria um ponto. Cada série teria duração de quatro minutos com um minuto de pausa entre elas, num total de seis séries, totalizando 30 minutos dessa parte do trabalho. Todas as séries foram filmadas e depois analisadas, mostrando aos atletas que não se movimentaram onde poderiam estar no campo em determinado momento ou onde se posicionaram corretamente, ou até mesmo onde foi feita a escolha errada por um passe devido a falta de comunicação ou simplesmente ter uma melhor observação por parte do portador da bola por exemplo. Tudo isso pode ser mostrado à comissão técnica e posteriormente aos atletas de forma individualizada, ou até mesmo coletiva, sem deixar que se torne maçante, buscando sempre filtrar ao máximo essas informações.

Assim, podemos verificar erros que não enxergamos durante o treinamento e corrigir por meio das imagens, fazendo com que tenhamos uma visão mais privilegiada do que está acontecendo e buscando sempre diminuir a margem de erros. Para isso, devemos ter uma filmadora simples e um programa de edição, assim como nos jogos que discutiremos a seguir.

Análise qualitativa em jogos

Como nos treinamentos, também conseguimos analisar em tempo real situações que precisam ser melhoradas ou pontuadas durante os jogos. Porém conseguimos ter uma melhor conclusão quando enxergamos tudo isso com a cabeça mais tranquila, depois do jogo e principalmente por dispor de uma visão diferente do que costumamos ter do banco de reservas.

Para se analisar qualitativamente nossa equipe, podemos usar uma filmadora, que acompanhe a maior parte do campo possível, alcançando o maior número de jogadores, o que nos possibilita enxergar os espaços, as compactações e movimentações. Chamamos isso de "filmagem aberta".

> Assim que termina a partida, o pessoal do Everton começa a análise pós-jogo. Graley repassa algumas vezes o jogo, junto com os treinadores, resumindo o que deu certo e o que não deu. Uma vez mais, o treinador é parte do processo, e os jogadores aprendem individualmente o que fizeram direito e o que fizeram mal, para corrigir na partida seguinte. (ANDERSON; SALLY, 2013).

Tendo o vídeo do jogo em mãos, podemos usar um programa de edição, assistindo novamente ao jogo e separando apenas as partes importantes a serem discutidas, de acordo com o que foi trabalhado e pedido pelo treinador. É importante ressaltar que não devemos mostrar somente os erros ao jogador, da mesma forma que nos auxilia nas correções, também deve ser usado para pontuar acertos e consequentemente valorizar o seu trabalho e principalmente o dos atletas.

O jogo de futebol possui um ambiente muito instável, aleatório e volátil, com uma grande quantidade de jogadores envolvidos em um campo de jogo de grandes dimensões. Dessa forma, observa-se uma grande variabilidade de ações, o que dificulta a análise em tempo real. Os recursos audiovisuais, nesse caso a vídeo gravação, permitem manipular a variável tempo, tornando possível uma observação repetida das sequências do jogo, característica essa que permite minimizar eventuais erros (MATTOS, 2006, apud GARGANTA, 1997).

Essa análise pode ser mostrada aos atletas por setor, elaborando vídeos específicos para aquelas posições, de forma individual ou também coletiva. O que devemos nos preocupar é que isso não se torne maçante ao atleta, como já foi citado, fazendo com que o atleta desperte o interesse por esse trabalho e não se irrite a cada vez que lhe for apresentado. Variar as formas de apresentação pode ser uma boa saída para conseguir uma grande parcela de entendimento por parte dos jogadores.

Os relatórios gerais em vídeo devem ser curtos, com no máximo 10 minutos, com anotações, circulações de jogadores e mostrando com cores ou um círculo por exemplo um espaço que poderia ser ocupado e não foi. De acordo com o que foi levantado em relação ao último jogo, o treinador deve tentar corrigir para o próximo, obtendo uma gradativa evolução de sua equipe.

3.2 Análise do adversário

Após saber algumas maneiras de analisar a nossa equipe, vamos nos preocupar agora com o adversário. Consideramos que seja errado trabalhar totalmente de acordo com o que o adversário possa oferecer de perigo, muitas vezes deixando de lado alguns itens que podem ser trabalhados em nossa equipe para se preocupar com o oponente. Basicamente, a chave da análise do adversário está em saber neutralizar os pontos fortes e conhecer os pontos fracos para poder surpreendê-los, sem deixar de lado as características e virtudes de sua equipe, além das correções no que vem errando e precisa ser melhorado.

De acordo com Fratinni (2010), é função de membros da equipe técnica de um clube profissional de futebol fazer uma análise prévia de tudo o que seja necessário conhecer sobre o rendimento da equipe adversária, para elaborar e planejar a melhor maneira de vencer o jogo. Por isso, é fundamental conhecer o que é que faz o adversário em cada momento do jogo e como se dispõem em campo.

Estudaremos algumas formas de analisar o oponente, inserindo em nossa rotina informações pontuais para um bom resultado na próxima partida.

Análise quantitativa

Analisar os números dos adversários em relação aos componentes técnicos e táticos pode não ser uma tarefa tão fácil. Temos que considerar que para termos um padrão numérico de falhas e possibilidades de uma equipe, temos que assistir a um número elevado de jogos para chegar a um determinado resultado. Dependendo da estrutura de nossa equipe, fica um pouco inviável se preocupar com os nossos números e os do adversário. E realizando uma boa análise qualitativa, baseada em três jogos recentes, já conseguimos detectar esses pontos fortes e fracos. Algumas competições disponibilizam relatórios em sites ou aplicativos em que podemos fazer uma pesquisa mais abrangente e chegar a números importantes, porém não é sempre que temos isso em mãos, muitas vezes temos apenas um jogo do adversário para poder analisar e se algum item ocorrer várias vezes dentro do jogo, com certeza nos chamará a atenção tanto em relação aos pontos fortes como nos fracos.

Uma boa análise quantitativa do adversário, passa por analisar individualmente os jogadores, seu aproveitamento em desarmes, finalizações, assistências, valores referentes à características individuais etc., e coletivamente, as regiões que se iniciam as jogadas ofensivas, de qual lado sai a maioria dos cruzamentos, qual terço do campo ocorrem a maioria dos desarmes, onde cometem mais faltas etc. Podemos também analisar o retrospecto dentro e fora de casa do adversário, número de cartões etc.

Análise qualitativa

A análise qualitativa do adversário pode muitas vezes começar antes do nosso jogo, ou seja, enfrentaremos a equipe x na quarta e a equipe y no sábado, porém, a equipe y fará seu último jogo antes do nosso na terça. Assim já posso me adiantar analisando o penúltimo jogo da equipe y e fechando o relatório antes mesmo do nosso jogo com a equipe x. Isso não ocorre sempre, porém temos que estar sempre adiantados em relação ao nosso trabalho. Não aconselho tentar se adiantar sem necessidade, somente para ganhar tempo, pois as informações das equipes podem se confrontar e fazer com que o analista se confunda ao passar uma determinada informação, ou não se lembre de uma coisa ou outra por estar cheio de informações de dois times ao mesmo tempo.

Podemos basear essa análise em dois ou três jogos recentes do adversário, verificando se ele modifica sua forma de jogar dentro e fora de casa, para saber quais os jogos são realmente interessantes de se analisar. É muito importante que se analise todo o elenco, sabendo as características de todos os jogadores, quem está suspenso, quem está machucado, quem chegou, quem saiu, onde ao analisar os jogos e juntar com essa informações, podemos começar a "pensar com a cabeça do treinador adversário", pois sabemos o que ele costuma fazer, as peças que ele tem em mãos para entrar jogando e as possíveis armas e substituições que ele pode usar para nos surpreender.

Priorizar uma análise das características dos jogadores adversários com certeza é melhor que se prender ao sistema de jogo que utilizam ou podem utilizar. Usar as imagens para se atentar bem aos movimentos ofensivos e defensivos, as falhas, os pontos fortes, tudo isso já imaginando e anotando o que podemos treinar e como podemos treinar para executar em jogo.

Muitas vezes, não conseguimos treinar, pelo curto espaço de tempo dos jogos, em decorrência do péssimo calendário brasileiro, que só prejudica o atleta e consequentemente a qualidade do futebol. Nessa falta de tempo, o trabalho de análise qualitativa do adversário se torna ainda mais importante, pois será esse o treinamento, baseado na atenção dos jogadores ao material produzido, na forma com que será passado, na interação com os atletas e entendimento do treinador para poder reproduzir tudo em campo e poder obter o resultado positivo.

Soriano (2016) pontua algumas vantagens da análise em vídeo por meio de sessões coletivas como:

- contextualizador do treinamento;

- catalizador do processo de aquisição;

- redutor da fadiga ao acelerar a adaptação.

E conclui que estas vantagens só se materializam a partir do treinamento, onde propõe analisar o jogo a partir das análises do treinamento.

Já conhecemos o elenco, as formas de jogar do treinador, quem está dentro, quem está suspenso, quem está machucado, agora vamos analisar os jogos. Nessa análise, como já citamos, iremos verificar como o adversário se comporta nos momentos do jogo, se possui jogadas, como elas se desenvolvem, como se posicionam, como se movimentam etc. A partir disso, montaremos um material curto, com as principais tendências de jogo, mostrando no máximo três vezes como ocorre cada situação dessas.

Podemos mostrar em grupos por setor ou de uma forma geral. Uma outra forma interessante de apresentação, que se torna muito funcional em semanas abertas, ou seja, sem jogo no meio, é separar a análise do adversário em vídeos dos momentos ofensivos, defensivos e bolas paradas, em que faremos durante a semana três apresentações mais curtas e em seguida iremos para o campo trabalhar em cima do que foi visto. Por exemplo: mostramos hoje como nosso próximo adversário se comporta ofensivamente, seus pontos fortes e onde devemos explorar para não sermos atacados. Em seguida, vamos para o campo trabalhar o nosso sistema defensivo, sem perder nossas características e já se preparando defensivamente para que o que foi visto de ponto forte no adversário não nos surpreenda na partida, além de potencializar a nossa forma de se defender.

Fisiologicamente, atletas podem levar por volta de até 72 horas para se recuperar de uma partida. Em semanas abertas, podemos esperar uns dois dias para que o nosso último jogo passe realmente e possamos passar aos atletas ideias relacionadas ao próximo jogo. Numa semana com jogo no meio, temos que acelerar esse processo, pulando etapas, porém não temos o que fazer, pois se não trabalharmos rápido não conseguiremos nos preparar, haja vista que o grande foco nesses casos é a recuperação física. Não queremos falar sobre fisiologia, mas mostrar que a partir do momento que encerramos os trabalhos do nosso jogo anterior, já podemos passar aos atletas as informações do adversário, mesmo que seja de forma gradativa. É comum por parte de muitos treinadores a utilização de vídeos em suas palestras, onde entra o trabalho do analista. Um dos grandes problemas, ou erro nesse caso, é que muitas vezes o que é passado no dia antecedente ao jogo está sendo visto pelos atletas pela primeira vez, ou seja, foi perdida uma semana de trabalho em relação ao adversário, e mesmo que em quadro tático, os pontos fortes e fracos, além das características individuais já deviam ser passadas e de conhecimento dos atletas.

Temos que nos atentar muito a esses casos e saber usar a análise do adversário para realmente buscar o resultado positivo, não somente como um evento ou palestra para que todos sentem e assistam o que foi produzido, deixando de ser funcional e se tornando uma rotina de desinteresse por parte dos atletas e as vezes até da própria comissão técnica.

Não sabemos como os atletas irão absorver esse material, porém nosso maior objetivo é que uma parte deles entenda bem o que pode acontecer no jogo e utilizem o aprendizado dentro de campo, orientando e se movimentando de acordo com o que foi mostrado e treinado no pré-jogo.

Análise dos movimentos individuais

Quando antecipamos o trabalho de análise qualitativa, podemos notar a assimilação de parte do grupo em relação ao adversário e se verificarmos que eles entenderam bem o que foi passado em relação aos movimentos coletivos, podemos começar a trabalhar em cima de movimentos individuais.

Como abordamos no segundo capítulo, os movimentos individuais se relacionam às características de movimentação específica dos adversários. Para isso, podemos selecionar os atletas que analisaremos e montar um material que será passado aos nossos atletas de acordo com o setor do campo. Vamos usar mais alguns exemplos para que se entenda bem o que queremos dizer com análise dos movimentos individuais.

Aos nossos goleiros, zagueiros, laterais e volantes de contenção, passaremos vídeos de cada atleta de frente da equipe adversária. Mostraremos num vídeo bem curto, com aproximadamente três lances de cada jogador, como eles se comportam frente a defesa, para qual lado saem, com qual perna finalizam, como gostam de driblar e principalmente se posicionam. Para nossos atacantes, faremos o contrário, mostraremos como os defensores adversários se posicionam, marcam em um contra um, se são velozes, lentos etc. Em relação aos goleiros, podemos fazer uma análise ainda mais complexa, pois ele enxerga o jogo todo de frente e pode sim ajudar muito orientando os nossos defensores de acordo com as possíveis movimentações individuais dos adversários.

Acompanhando a tecnologia, podemos usar e enviar esses vídeos pelo próprio celular, onde estará completamente acessível ao jogador e ele poderá visualizar a hora que quiser e quantas vezes quiser. Esses vídeos poderão ser passados dias antes do jogo ou até mesmo como reforço no dia do jogo, considerando que eles já foram alertados do que podem encontrar durante a partida.

3.3 Como os atletas absorvem esse trabalho

Um defeito muito grande das pessoas que dirigem qualquer tipo de grupo ou empresa ou local por exemplo, é não perguntar ou dividir com as pessoas que estarão no dia a dia sobre o que pode ser melhor aplicado em relação ao seu trabalho. Vamos usar como exemplo um dono de academia que não tem experiência na área e monta o negócio do seu jeito, com certeza ficaria melhor se fosse auxiliado por um profissional da área e que realmente colocará a mão na massa.

Costa (2009) relata que o conhecimento sobre os princípios táticos pode auxiliar o processo de avaliação tática do desempenho dos jogadores. Concebendo que os comportamentos dinâmicos de uma equipe, assim como a sua eficácia no jogo, podem ser apreciados a partir das variáveis quantitativas e qualitativas das ações dos jogadores nas relações de cooperação e oposição, pressupõe-se que a compreensão dos princípios táticos constitui uma ferramenta útil para ajudar nessa avaliação.

Considerando sempre esse problema, uma boa saída para procurar estar sempre próximo do melhor resultado, é perguntar aos próprios atletas e para outros membros da comissão técnica o que eles pensam sobre esse trabalho. Afinal serão eles que receberão as informações, vídeos etc. Saber daquele grupo se os relatórios enviados estão sendo claros, de simples entendimento, num tempo que realmente consiga prender suas atenções com consequente reprodutividade em nosso trabalho e se abrir para críticas e sugestões, pois só assim podemos chegar em um trabalho que realmente atinja o maior número de pessoas e ele seja realmente útil no dia a dia.

Quem trabalha nessa área provavelmente já se sentiu muitas vezes trabalhando demais para pouca utilização do seu trabalho. Não que estejamos buscando trabalhar menos, mas trabalhar na medida certa para que nada seja feito em vão, pois sabemos que a montagem de um relatório necessita de muito tempo, estudo e principalmente concentração se atentando a inúmeros detalhes que podem fazer a diferença, mas se não forem utilizados e às vezes estiverem aquém do entendimento do grupo de uma forma geral, podemos utilizar nosso tempo buscando outras informações e formas de auxílio que talvez sejam mais importantes no momento.

Os atletas de hoje estão bem abertos e já acostumados com esse trabalho, com isso a aceitação com certeza será bem maior do que em outros tempos. Procurar elaborar vídeos mais curtos, relatórios bem ilustrados, informações precisas e com mensagens de fácil entendimento, farão com que os atletas absorvam melhor o trabalho do analista e toda equipe evolua cada vez mais.

Ainda existe uma grande resistência dos profissionais do futebol em aceitar a importância da observação e análise de jogo no processo de treinamento.

> [...] a ciência é incomodativa para os que gostam de respostas definitivas ou para os que lidam mal com a evolução das ideias. A marcha evolutiva faz com que o argumento da experiência seja uma roupa que não serve aos que repetem, durante anos a fio, aquilo que fizemos no primeiro ano de exercício da sua função. Todavia, encaixa que nem uma luva nos que estão atentos e abertos a novos contributos, usufruindo deles para reformularem a sua prática quotidiana, enriquecendo-a (ZISKIND, 2006 apud GARGANTA, 2001).

Uma ideia para saber e conhecer melhor o grupo é pelo próprio aparelho celular. Elaborar relatórios de nossa equipe e do adversário, com vídeos, ilustrações, números e passar ao grupo de atletas o que eles acharam daquele modelo, se faltou algo ou se não entenderam, conversar individualmente com alguns, procurar interagir nas palestras, tudo isso pode ser usado a favor para que aumente a absorção do trabalho do analista por parte dos atletas.

3.4 Como apresentar todo esse trabalho em benefício da nossa equipe

Para que consigamos atingir maior parte do elenco com relação aos relatórios gerados pelo departamento de análise, podemos nos organizar dentro das semanas baseando-se na programação de treinamentos e jogos. Se tratando de futebol profissional, onde o trabalho do analista é encontrado com maior frequência, vamos propor neste tópico formas de apresentação dos relatórios correspondentes a microciclos com um e dois jogos na semana.

O quadro a seguir corresponde a uma semana com um jogo e a disposição dos treinamentos, em que iremos inserir as apresentações dos materiais de análise tanto para comissão técnica como para os jogadores. Neste quadro consideraremos que a equipe jogou no sábado de tarde, descansou no domingo e se reapresentou na segunda à tarde.

Período	SEGUNDA	TERÇA	QUARTA	QUINTA	SEXTA	SÁBADO	DOMINGO
MANHÃ	DESCANSO	TREINO	DESCANSO	DESCANSO	DESCANSO	TREINO	DESCANSO
		Proposta de treinamento em cima dos erros do último jogo				Proposta de trabalho específico de acordo com os movimentos individuais do adversário	Envio aos atletas dos vídeos de movimentos individuais do adversário
TARDE	TREINO	TREINO	TREINO	TREINO	TREINO	DESCANSO	JOGO
	Apresentação setorizada do vídeo do jogo anterior	Apresentação para Comissão Técnica dos momentos ofensivos do próximo adversário e proposta de treinamento do sistema defensivo de nossa equipe	Apresentação para Comissão Técnica dos momentos defensivos do próximo adversário e proposta de treinamento do sistema ofensivo de nossa equipe	Proposta de treinamento englobando o que foi visto e trabalhado nas duas sessões anteriores	Apresentação para Comissão Técnica das bolas paradas do próximo adversário e proposta de treinamento para criação de jogadas e neutralização do momento adversário		Palestra pré-jogo com ajustes finais de posicionamentos e reforço de detalhes
NOITE	NOITE	NOITE	NOITE	NOITE	NOITE	NOITE	NOITE

SEGUNDA	TERÇA	QUARTA	QUINTA	SEXTA	SÁBADO	DOMINGO
DESCANSO	DESCANSO	DESCANSO	DESCANSO	DESCANSO	CONCENTRA-ÇÃO	DESCANSO
					Reunião com os atletas relembrando o que foi trabalhado durante a semana em relação aos movimentos da nossa equipe e do adversário	

QUADRO 3 – MODELO DE ORGANIZAÇÃO DO TRABALHO DE ANÁLISE EM SEMANAS COM APENAS UM JOGO

FONTE: o autor

Analisando o planejamento semanal, podemos nos surpreender com certa quantidade de vídeos durante o microciclo e talvez achar que seja maçante pela quantidade de apresentações aos atletas. Necessariamente as apresentações não precisam ser em vídeos, podem ser faladas, mostradas no quadro tático antes do treino, passadas por celular aos jogadores e simplesmente executadas em campo com colocações pontuais dentro do próprio treinamento. Sabemos que reunir os atletas todos os dias para mostrar vídeos, mesmo que curtos, pode cair numa rotina de aceitação negativa. Com isso, saber variar bem e administrar as informações aproveitando de sua utilidade pode ser o melhor caminho para o desenvolvimento deste trabalho.

Voltamos a frisar que no Quadro 4 foi apenas exposto um modelo de como usar as análises durante a semana. Cada comandante deve conhecer seu clube e verificar em relação à estrutura qual a melhor forma de aplicação deste trabalho.

Outro ponto que pode ser questionado é sobre a liberdade de propor sessões de treinamento. Como já citado, um auxiliar técnico que ajudará no desenvolvimento das sessões, considerando que ele é o responsável pela análise e também tem liberdade e conhecimento na montagem dos treinos, pode optar por sessões relacionadas aos itens abordados. Muitas vezes o analista de desempenho tem muita experiência em leitura de jogo e elaboração de relatórios, porém não está preparado para ministrar treinamentos. Com isso, devemos saber a real função de cada membro da comissão e até onde ele pode ser útil no contexto geral, considerando sempre a estrutura que o clube oferece e o número de funções que cada profissional precisa desempenhar.

Entendendo bem essa suposição com um jogo na semana, iremos agora estudar uma forma de utilização dos relatórios com dois jogos na semana, considerando que se diminuem as sessões de treino, aumentam o número de jogos e consequentemente o desgaste físico e mental, dando cada vez mais importância ao trabalho de análise, porém sem que atrapalhe os pontos abordados anteriormente e as informações sejam bem absorvidas e reproduzidas na partida.

Neste quadro consideraremos que a equipe jogou no domingo de tarde, se reapresentou na segunda de tarde e terá jogos na quarta e domingo da semana em questão.

SEGUNDA	TERÇA	QUARTA	QUINTA	SEXTA	SÁBADO	DOMINGO
MANHÃ	MANHÃ	MANHÃ	MANHÃ	MANHÃ	MANHÃ	MANHÃ
DESCANSO	DESCANSO	DESCANSO	DESCANSO	DESCANSO	TREINO	DESCANSO
	Envio aos atletas de um vídeo setorizado dos principais itens do jogo anterior	Envio aos atletas dos vídeos de movimentos individuais do adversário		Envio aos atletas de um vídeo setorizado dos principais itens do jogo anterior	Proposta de treinamento de bolas paradas mediante análise do adversário	Envio aos atletas dos vídeos de movimentos individuais do adversário
TARDE	TARDE	TARDE	TARDE	TARDE	TARDE	TARDE
TREINO	TREINO	DESCANSO	TREINO	TREINO	DESCANSO	JOGO
RECUPERAÇÃO	Proposta de treinamento em cima dos pontos fortes do adversário para neutralização	RECUPERAÇÃO	RECUPERAÇÃO	Proposta de treinamento em cima dos pontos fortes do adversário para neutralização (menos bolas paradas)		Palestra pré-jogo com ajustes finais de posicionamentos e reforço de detalhes
NOITE	NOITE	NOITE	NOITE	NOITE	NOITE	NOITE
DESCANSO	CONCENT-RAÇÃO	JOGO	DESCANSO	DESCANSO	CONCENT-RAÇÃO	DESCANSO

SEGUNDA	TERÇA	QUARTA	QUINTA	SEXTA	SÁBADO	DOMINGO
	Apresentação geral dos movimentos coletivos do adversário	Palestra pré-jogo com ajustes finais de posicionamentos e reforço de detalhes	-		Reunião com os atletas relembrando o que foi trabalhado durante a semana em relação aos movimentos da nossa equipe e do adversário	

QUADRO 4 – Modelo de organização do trabalho de análise em semanas com 2 jogos

FONTE: elaborado pelo autor

Perceba que, no dia após o jogo, não enviamos nem apresentamos materiais aos atletas, pois a parte mental também deve ser recuperada, destinando um período para que tudo que aconteceu naquele jogo seja deixado de lado e o atleta consiga realmente se concentrar no próximo desafio. Muita informação, em momentos inadequados diminuem a capacidade de concentração e consequentemente o trabalho será menos absorvido pelo atleta. Devemos nos atentar a isso para mais uma vez buscar a pontualidade e funcionalidade em nosso trabalho.

CAPITULO 4

ANÁLISE PARA GOLEIROS

4.1 Importância e aplicação da análise para goleiros

Ouve-se muito por aí que o goleiro é uma posição diferente, que por isso tem um treinador especial etc. Prefiro considerar uma posição tão importante como as outras, com algumas diferenças que podem ser decisivas no jogo.

Um dos fatores é o de poder assistir ao jogo de frente, com uma visão bem diferente do treinador, em que ele deverá orientar bem sua defesa e consequentemente se organizar para minimizar o risco de sofrer gols. Outro ponto importantíssimo é a questão de ser o último homem, ou seja, a equipe só sofrerá o gol se a bola passar por esse jogador, o que um cuidado especial com alguns aspectos, tentando corrigir seus erros e evitar que o adversário o surpreenda, além de neutralizar suas principais jogadas e características individuais, pode fazer toda a diferença.

Muitas vezes, por falta de estrutura, não conseguiremos passar uma análise de movimentos individuais a todos setores, porém, ao goleiro devemos nos esforçar pelos fatores citados acima. Com o avanço da tecnologia e principalmente pela grande acessibilidade à internet nos dias de hoje, rapidamente conseguimos elaborar um material que por meio de um atleta toda equipe pode ser ajudada dentro de campo.

Vamos explicar de uma forma geral, já considerando o aprendizado nos capítulos anteriores de como podemos usar o trabalho de análise em parceria com os goleiros, contando um pouco de como pode ser esse desenvolvimento. É de enorme importância a interação e total participação do treinador de goleiros nesse trabalho, inclusive já temos um grande diferencial quando o mesmo já o realiza, saindo bem na frente de outros profissionais. Considerando equipes de menor estrutura, o responsável pelas análises, que muitas vezes será também um auxiliar de campo, não conseguirá estar a frente de tudo. E contar com um profissional que o ajude na montagem do material para os goleiros, no caso o seu treinador, é um grande passo para se buscar a evolução.

Inicialmente, em relação ao treinamento, os trabalhos técnicos podem ser filmados e editados para mostrar aos goleiros onde está errando e muitas vezes comparar com um próprio goleiro que faz parte do elenco ou com outros movimentos de treino ou jogo de atletas de outras equipes. Esse trabalho pode também ser realizado em outras posições, mas as justificativas para as dificuldades de execução estão no início deste capítulo, considerando a grande importância do goleiro, além de possuir um treinador específico, que ainda pode ajudar no trabalho de análise. Então, uma boa ideia para análise em treinamentos dos goleiros é linkar vídeos do goleiro treinando, com os companheiros de equipe e outras equipes, em treinos e jogos. Podemos também, fazer uma relação em vídeo de determinado fundamento, analisando o fundamento em parte no treino específico, no treino com o grupo e no jogo, além da utilização de números no treino como estímulo de melhora em defesas e/ou gol sofridos.

Sobre a análise do nosso goleiro ainda, se tratando agora do jogo, podemos trabalhar tanto na forma quantitativa como na qualitativa. Na análise qualitativa, podemos elaborar uma planilha coletando dados específicos como defesas sem rebote, saídas de gol, reposições certas etc. Esses números podem abastecer um relatório com gráficos e comparações com outras partidas, acompanhando a evolução do goleiro e como ele vem se comportando nos jogos. No final da temporada tudo isso pode virar um relatório só, em que pode ser analisado com o goleiro, apresentado ao treinador, ou apenas virando um arquivo.

Na análise quantitativa, podemos editar apenas os lances que envolvem o goleiro no jogo, analisando primeiramente com o treinador de goleiros, ou somente passando a ele para que analise e depois mostre ao goleiro o que fez de bom e ruim no jogo. É bem interessante que todos os goleiros da equipe participem dessa apresentação e discutam entre eles não somente sobre os fatos ocorridos, mas também sobre possibilidade de treinamento etc.

A análise do adversário é muito importante para o goleiro. Em relação à análise dos movimentos coletivos, principalmente os ofensivos do adversário, é muito importante que os goleiros saibam tudo que o adversário possa oferecer, pela visão que tem do jogo, como já citado acima. Para isso, podemos simplesmente enviar aos goleiros a edição do adversário, pelo próprio celular de preferência e depois conversar com os mesmos para trocar informações, considerando que ele terá uma visão privilegiada com participação nas ações do jogo.

Sobre os movimentos individuais, podemos não somente elaborar e enviar o material, como procurar trabalhar em conjunto ao treinador de goleiros na parte prática, aplicando exercícios direcionados ao que poderá acontecer no jogo, como simular as cobranças de pênalti do adversário, faltas frontais, chutes de longe etc. Podemos elaborar vídeos com lances mostrando a reação do atacante adversário quando sai de frente com o goleiro, os principais finalizadores de longa e média distância, os principais cabeceadores, como cobram os escanteios e faltas laterais, como e onde os possíveis batedores cobram a maioria dos pênaltis e faltas frontais.

ANÁLISE DE DESEMPENHO NO FUTEBOL: ENTRE A TEORIA E A PRÁTICA

Todo esse material pode ser organizado e trabalhado durante a semana com os goleiros, visando sempre com apresentações curtas, oferecer informações pontuais aos goleiros e os deixar cada vez mais preparados para as partidas. Cada vez mais encontramos a relação das boas atuações dos goleiros com o trabalho de análise de desempenho, principalmente quando o assunto é defesa de pênaltis. Muitos talvez não acreditem e pensem que pênalti é sorte ou loteria, mas se enganam quando levamos a fundo esse tipo de estudo que não é somente elaborar e enviar vídeos e estatísticas, mas também saber analisar e reproduzir o que foi estudado nos treinamentos e jogos.

CAPÍTULO 5

PROSPECÇÃO DE ATLETAS

Podemos encontrar as nomenclaturas prospecção, investigação, pesquisa, análise etc., para esse tipo de trabalho. Até hoje, existem os famosos olheiros, que jamais devemos descartar do meio do futebol. Ao nosso modo de pensar, os trabalhos podem ser completados mediante o olhar dessa pessoa e o conteúdo que o analista irá gerar, além do acompanhamento que fará para obter cada vez dados mais importantes sobre um determinado atleta. O "olheiro" tem a capacidade de captar talentos e possíveis contratações para as equipes.

De acordo com Machado (2001), olheiro é uma gíria usada no Brasil para pessoas ligadas ao futebol que, espalhados pelo país, indicam talentos para clubes ou técnicos de confiança. Como olheiros, podemos encontrar ex-jogadores, pais, empresários, técnicos e etc.

A análise de desempenho vem auxiliar nesse âmbito, muitas vezes indo a fundo sobre o atleta indicado pelo olheiro, ou pelo próprio acompanhamento do analista ou treinador nos jogos etc. Na verdade, todos profissionais do meio esportivo tem um pouco dessa função, pois sempre estão indicando algum atleta no objetivo de ajudar a equipe, ou mesmo com informações sobre os mesmos. Devemos considerar que os olheiros são mais frequentes nas categorias de base, pois pelo aumento da quantidade de informações disponíveis sobre atletas profissionais, a prospecção para jogadores já formados pode e deve ser feita pelo analista de desempenho.

A montagem de um elenco principalmente, pode ser o diferencial para a equipe na temporada. Levantar dados completos e baseados em um acompanhamento rigoroso sobre o atleta que pretendemos contratar, pode e deve ser feito pelo analista. Porém sabemos que não é fácil desenvolver sozinho, principalmente pela alta demanda competitiva. Mostraremos neste capítulo, algumas maneiras de organizar e realizar este trabalho.

5.1 As formas de acompanhamento

Assistir a jogos de futebol, seja *in loco* ou ao vivo na tv, ou jogos gravados, deve ser inerente num profissional de análise de desempenho. Quando pensamos em prospecção, dependendo de como esse profissional se organiza, podemos usar de suas ferramentas para não errar nas contratações. Normalmente os analistas assistem a muitos jogos e consequentemente conhecem características de vários jogadores, partidas boas e ruins que realizaram, podendo opinar com clareza sobre o jogador.

Existem várias formas de acompanhamento de atleta num trabalho de prospecção. Uma bem simples é se atentar ao máximo no nosso próprio jogo, analisando bem as características individuais dos jogadores adversários, haja vista que do nosso time já deveremos ter um bom conhecimento. Aproveitando o gancho, numa situação de um analista ser contratado para uma equipe, com a temporada em andamento, ele deve se interar dos atletas que lá estão, para que seu trabalho flua de uma melhor maneira. Assim sendo, podemos anotar os atletas adversários que mais se destacarem contra a nossa equipe, onde futuramente podemos usar esses nomes no trabalho de prospecção. Explicaremos melhor nos próximos tópicos.

Sempre iremos assistir no mínimo um jogo do nosso próximo adversário, sendo que nesse jogo, podemos também anotar os destaques, aumentando nosso banco de dados, sem atrapalhar no processo da temporada. Tendo uma opinião bem formada sobre o atleta pesquisado, uma atitude importante a se tomar é buscar informações sobre esse atleta com profissionais de comissão técnica que já trabalharam com o mesmo, buscando conhecer mais a fundo quem almejamos contratar. Informações sobre o seu dia a dia de trabalho, nível cultural, capacidade de assimilação das solicitações de tarefas de treino e jogo etc.

Nos cercando de tudo isso, conseguiremos errar o mínimo possível em nossas contratações. Sabemos que muitos clubes não acessam os analistas para as contratações, mas isso está ligado a cultura do futebol brasileiro, porém, mesmo que devagar, a tendência é que ocorra certa evolução nesse quesito.

5.2 A montagem do banco de dados

Já sabemos como podemos pesquisar esses atletas, agora iremos estudar como podemos organizar esses nomes e informações. Para isso, podemos montar em nosso computador um banco de dados contendo as informações relevantes sobre aquele atleta.

Várias podem ser as informações, entre elas algumas principais como idade, último clube, posições alternativas, estatura, clubes por onde passou, histórico de lesões, minutos jogados nos dois anos anteriores etc. Organizando isso, podemos sempre atualizar nosso banco, mediante novos jogos que virão a ser assistidos e novos nomes que poderão ser inseridos.

Não podemos esquecer de dividir esse banco de dados em posições e nível dos atletas, não desmerecendo, mas sabemos que existem jogadores que pelo menos para um determinado momento não tenha condições de atuar em uma divisão acima, não que ele não tenha potencial, mas para aquele momento ele não se adequará. Além disso, logicamente colocaremos em nosso banco de dados atletas renomados no futebol, pela sua história e grande potencial, porém, temos que verificar se nosso clube pode contratar aquele atleta, considerando que em caso de não ter estrutura financeira para isso, podemos separar também esses atletas, pois não serão usados no momento presente.

Uma simples planilha de excel poderá dispor de um excelente relatório, dependerá da organização e principalmente do conteúdo exposto, relacionando apenas atletas que realmente podem ajudar sua equipe. Como já citado acima, o banco de dados deve ser sempre revisado, pois os atletas se lesionam, mudam de clube, às vezes para fora do país, mantendo seu trabalho sempre organizado e atualizado.

Vamos sugerir duas formas de se trabalhar em conjunto na montagem do banco de dados dentro da equipe. Se a equipe dispor de dois analistas, um poderá se responsabilizar por essa função. Definir um número de jogos para se analisar durante a semana, relacionando os destaques, considerando que se um determinado atleta se destacar, ele poderá compor o banco de dados. Um exemplo aplicável é de se acompanhar uma média de 20 a 30 jogos na semana, o que estaria por volta de quatro jogos por dia, finalizando o mês com mais de 100 jogos analisados e consequentemente inúmeros jogadores acompanhados.

Hoje em dia podemos contar com programas interessantíssimos que podem nos disponibilizar num prazo de aproximadamente 48 horas, os jogos ocorridos, facilitando o acompanhamento de diferentes competições. Nesse caso, podemos acompanhar equipes e jogadores de menor expressão, auxiliando no processo de prospecção e melhorando nosso banco de dados.

Citamos anteriormente que apenas um analista teria dificuldades em realizar todos os componentes inseridos no processo de análise e acompanhamento. Uma outra forma interessante é dividir o trabalho, na medida do possível, com outros membros da comissão técnica. É comum que vários membros de comissão técnica acompanhem diferentes jogos na rodada, podendo nos passar os destaques e auxiliar na montagem do banco de dados, mesmo que de maneira indireta.

Essas são algumas formas de se realizar um bom trabalho de prospecção, sem necessitar de mais de um analista na equipe. Logicamente, quanto mais completo for o departamento o trabalho sairá com mais qualidade, o que devemos considerar que não é comum na maioria das equipes e o trabalho ainda engatinha no que se diz respeito a sua aceitação e valorização.

CONSIDERAÇÕES FINAIS

Procuramos mostrar de uma forma simples e com vários exemplos, como se realizar o trabalho de análise de desempenho dentro de uma equipe. Abordamos conceitos importantes, formas de se analisar a nossa equipe e os adversários, de maneira coletiva e individual.

Não podemos deixar de citar o trabalho de análise nas categorias de base, que deve ser realizado com muita cautela e bom planejamento, evitando sobrecarga de informações, principalmente aos atletas em formação e de maneira introdutória e com reais objetivos. Muitas das primeiras oportunidades são nas categorias de base, em que se pode iniciar a aplicação de uma metodologia e verificar a melhor maneira de se realizar o trabalho e usar o que ocorrer de melhor no profissional.

Para se tornar um profissional no futebol, necessita-se muito estudo e conhecimento do assunto, pois um detalhe pode intervir no resultado. Cursos, especializações, curso superior, só engrandecem o profissional, juntamente com a prática e experiência de acordo com a vivência no esporte.

Vale a pena frisar que os conceitos abordados neste trabalho são apenas ideias reunidas por experiência, aplicação e ciência, após um certo período trabalhando com alto rendimento. Os assuntos abordados podem ajudar muitas pessoas a montar sua metodologia ou até mesmo complementar, mas não quer dizer que estamos querendo criar uma receita de bolo para o assunto e sim, colaborar com o crescimento profissional dos amantes do futebol, independente da porcentagem de contribuição.

Como mensagem final, gostaria de colocar que o mais importante para o analista de desempenho, é que ele saiba analisar bem o que ocorre dentro do jogo, podendo responder o maior número de perguntas que o próprio jogo o fará, salientando que a tecnologia é sim muito importante, porém, um bom material, com bons programas, sem conteúdo e embasamento não terá eficácia nem auxiliará de forma positiva a sua equipe.

REFERÊNCIAS

ANDERSON, C; SALLY, D. *Os números do jogo:* por que tudo o que você sabe sobre futebol está errado. Tradução André Fontenelle. São Paulo: Paralela, 2013.

AZEVEDO, J.S.F. de. *Análise de Pareto Passo a Passo.* S/d. Disponível em: https://www.trf5.jus.br/downloads/Artigo_22_Analise_de_Pareto_Passo_a_Passo.pdf. Acesso em: 22 abr. 2017.

BAQUETE, B. *Investigação dos modelos e das sequencias ofensivas do Real Madrid e F. C. Barcelona.* 81 f. 2014. Dissertação (Mestrado) – Faculdade de Educação Física, Universidade Estadual de Campinas, Campinas, 2014.

CAMPOS, N. M. de O. *Futebol:* análise quantitativa e qualitativa das ações de recuperação da posse de bola e uma explanação sobre jogadas de finalização. 58 f. 2004. Monografia – Faculdade de Educação Física, Universidade Estadual de Campinas, Campinas, 2004.

CARMO, I. F. M. O. do; LIPAROTTI, J. R.; GOMES, R. C. N. A forma de utilização do scout como ferramenta de trabalho pelos Treinadores no Campeonato Potiguar de Futebol 2015. *In:* ENCONTRO DE FUTEBOL DO RIO GRANDE DO NORTE, 1., 2015, Natal. *Anais* [...]. Natal: [s. n.], 2015.

COSTA, I. T. da; GARGANTA da SILVA, J. M.; GRECO, P. J.; MESQUITA, I. Princípios Táticos do Jogo de Futebol: conceitos e aplicação. *Revista Motriz*, Rio Claro, v. 15, n. 3, p. 657-668, jul./set. 2009.

COTTA, R. M. *Treino é jogo! Jogo é treino!:* a especificidade do treinamento no futebol atual. São Paulo: Phorte, 2014.

FILHO, J. C. B.; SCHATENBERG, L. D.; STOLLMEIER, N. Tecnologias esportivas auxiliando no esporte. *Revista Eletrônica do Alto Vale do Itajaí*, Itajaí, v. 2, n. 2, dez. 2013.

FONSECA, K. C. G. *Scout:* Análise estatística das sequências ofensivas terminadas em gols de São Paulo, Santos, Palmeiras e Corinthians, no campeonato Paulista de futebol 2010. 45 f. 2004. Monografia – Faculdade de Educação Física, Universidade Estadual de Campinas, Campinas, 2004.

FRATINNI, E. T. *A observação do adversário no futebol:* aspectos táticos importantes para uma boa análise. 56 f. 2010. Monografia – Faculdade de Educação Física, Universidade Estadual de Campinas, Campinas, 2010.

GARGANTA da SILVA, J. M. O ensino dos jogos desportivos coletivos. Perspectivas e tendências. *Revista Movimento,* ano IV, n. 8. 1998.

GOMES, M. S. *O desenvolvimento do jogar segundo a Periodização Tática.* Espanha: MC Sports, 2008.

JUNIOR, F. J. da S. *Escalte no Futebol*. 36 f. 1997. Monografia – Faculdade de Educação Física, Universidade Estadual de Campinas, Campinas, 1997.

LEITÃO, R. A. A. *Futebol* – análises qualitativas e quantitativas para verificação e modulação de padrões e sistemas complexos de jogo. 113 f. 2004. Dissertação (Mestrado) – Faculdade de Educação Física, Universidade Estadual de Campinas, Campinas, 2004.

LEITÃO, R. A. A. *Futebol Tático* – Análises qualitativas como ferramentas de avaliação. 73 f. 2001. Monografia – Faculdade de Educação Física, Universidade Estadual de Campinas, Campinas, 2001.

LEITÃO, R. A. A. *O jogo de futebol:* investigação de sua estrutura, de seus modelos e da inteligência de jogo, do ponto de vista da complexidade. 230 f. 2009. Tese (Doutorado) – Faculdade de Educação Física, Universidade Estadual de Campinas, Campinas, 2009.

MACHADO, F. V. da C. *Abordagem metodológica na captação de talentos para o futebol:* estudo de caso de um grande clube na cidade de São Paulo. 43 f. 2001. Monografia – Faculdade de Educação Física, Universidade Estadual de Campinas, Campinas, 2001.

MAESTRI, F. S. *Scout no futebol:* Análise de sequências ofensivas terminadas em gols no Campeonato Paulista de Futebol da Série A1 de 2009. 45 f. 2010. Monografia – Faculdade de Educação Física, Universidade Estadual de Campinas, Campinas,2010.

MAGLIO, G. C. *A eficiência dos contra-ataques no futebol:* os modelos de jogo e quanto influenciam em sua execução. 66 f. 2011. Monografia – Faculdade de Educação Física, Universidade Estadual de Campinas, Campinas, 2011.

MATTOS, B. J. *Consciência tática no futebol:* uma proposta das ciências psicológicas para a emancipação dos jogadores de futebol, mediante ao processo de treinamento tático. 36 f. 2006. Monografia – Faculdade de Educação Física, Universidade Estadual de Campinas, Campinas, 2006.

MORENO, F. R. *Sistema de jogo no futebol:* exemplo do Campeonato Brasileiro de Futebol e 2003. 52 f. 2005. Monografia – Faculdade de Educação Física, Universidade Estadual de Campinas, Campinas, 2005.

MOURA, F. A. *Análise quantitativa da distribuição de jogadores de futebol em campo durante jogos oficiais.* 87f. 2011. Tese (Doutorado) – Faculdade de Educação Física, Universidade Estadual de Campinas, Campinas, 2011.

OLIVEIRA, B.; BARRETO, R.; RESENDE, N.; AMIEIRO, N. *Mourinho*: Porquê tantas vitórias? Portugal: Gradiva, 2006.

PERARNAU, M. *Guardiola Confidencial.* Espanha: Grande Área, 2015.

SANTANA, W. C. de. *A visão estratégico-tática de técnicos campeões da liga nacional de futsal.* 262 f. 2008. Tese (Doutorado) – Faculdade de Educação Física, Universidade Estadual de Campinas, Campinas, 2008.

SCAGLIA, A. J. *O futebol que se aprende e o futebol que se ensina*. Dissertação (Mestrado) – Faculdade de Educação Física, Universidade Estadual de Campinas, Campinas, 1999.

SILVA, A. L. de S. *Scout:* Análises Qualitativas e quantitativas aplicada ao Futebol. 40 f. 2007. Monografia – Faculdade de Educação Física, Universidade Estadual de Campinas, Campinas, 2007.

SORIANO, E. *El papel del análisis del juego y el entrenamiento en la optimización del rendimiento.* 2016. Disponível em: www.researchgate.net/publication/311583735. Acesso em: 25 abr. 2017.

TOBAR, J. B. *Periodização Tática:* explorando sua organização concepto-metodológica. 436 f. 2013. Monografia – Escola de Educação Física, Universidade Federal do Rio Grande do Sul, Porto Alegre, 2013.

VENDITE, C. C. *Sistema, Estratégia e Tática de jogo:* Uma análise dos profissionais que atuam no futebol. 78 f. 2006. Dissertação (Mestrado) – Faculdade de Educação Física, Universidade Estadual de Campinas, Campinas, 2006.

VERHEIJEN, Raymond. *The original guide to Football periodization* – part 1. Football language.

ZAMBIAZI, M. V. *A tomada de decisão do jogador de futebol relacionada aos marcadores somáticos.* 34 f. 2012. Monografia – Faculdade de Educação Física e Ciência do Desporto, Pontifícia Universidade Católica do Rio Grande do Sul, Porto Alegre, 2012.

ZISKIND, F. S. *Modelo para análise do ataque no futebol.* 60 f. 2012. Dissertação (Mestrado) – Faculdade de Educação Física, Universidade Estadual de Campinas, Campinas, 2012.

ZISKIND, F. S. *Scout digital no futebol feminino.* 73 f. 2006. Monografia – Faculdade de Educação Física, Universidade Estadual de Campinas, Campinas, 2006.